Gerhard Wimberger

Glauben ohne Christentum

Gerhard Wimberger

Glauben ohne Christentum

Eine Vision

Tectum Verlag

Gerhard Wimberger
Glauben ohne Christentum
Eine Vision

ISBN: 978-3-8288-3044-8

Umschlagabbildungen:
© zven0 | Fotolia.com
Foto des Autors: © Christian Schneider – www.photographics.at
Umschlaggestaltung: Heike Amthor | Tectum Verlag
Satz und Layout: Heike Amthor | Tectum Verlag
Druck und Bindung: CPI buchbücher.de, Birkach
Printed in Germany

Besuchen Sie uns im Internet
www.tectum-verlag.de

Bibliografische Informationen der Deutschen Nationalbibliothek
Die Deutsche Nationalbibliothek verzeichnet diese Publikation in der Deutschen Nationalbibliografie; detaillierte bibliografische Angaben sind im Internet über http://dnb.ddb.de abrufbar.

Inhalt

I Das Altern des Christentums

Die Glaubenslosigkeit der Welt technischer Apparatur ist wie eine Anklage. (...) Auch der Glaubenslose wird nicht nur Arbeitstier, sondern bleibt Mensch. Eben darum ist ihm, ihm selber fühlbar, alles undurchsichtig geworden. Es bleibt ihm allein der blinde Wille zum Anderswerden der Zustände und seiner selbst. Die Bereitschaft wächst; denn der Mensch ist nicht fähig, nicht zu glauben. Noch bewahrt in der Welt der Glaubenslosigkeit mancher im guten Willen seine Möglichkeit; aber die Ansätze ersticken im Keim, wenn jeder ohne Tradition auf sich selbst gestellt ist. (...) Religion als der geschichtliche Grund menschlicher Existenz ist wie unsichtbar geworden; die Religion besteht zwar fort, verwaltet von Kirchen und Konfessionen, aber im Massendasein oft nur noch als Trost in der Not, als Gewohnheit geordneter Lebensführung, nur selten noch als wirksame Lebensenergie. (...)

Diese Sätze sind 80 Jahre alt und stammen aus der Schrift *Die geistige Situation der Zeit (1931)* von Karl Jaspers. Geschrieben also vor den im 20. Jahrhundert zum zweiten Mal ausbrechenden vernichtenden Ereignissen in Deutschland, in Europa und in der Welt. Geschrieben in einer anderen Welt.

War es damals eine andere Welt als jene, in der wir heute im 21. Jahrhundert leben? Ja, zweifellos im Politischen, im Gesellschaftlichen, im Technischen, im Ökonomischen, in der Lebenshaltung, in den existenziellen Ansprüchen. Und in den ideell-spirituellen Ansprüchen? – Nein. Die Undurchsichtigkeit der „geistigen Situation" ist dort, wo Religionen Macht und Einfluss auf das Leben der Menschen haben, heute tendenziell nicht anders als damals, da Jaspers sie so prägnant beschrieb. Beklemmend, zu sehen, wie diese Undurchsichtigkeit im Laufe der Jahre noch wesentlich größer geworden ist: Rückzug ins fundamentalistische Religionsmuseum steht neben Ruf nach Renovierung des Museums – und dies auf dem Boden säkular-naturalistischen Denkens, das Religionen fernsteht. Die Spannungen zeigen sich immer deutlicher, sie führen zu Auseinandersetzungen auf verschiedensten Ebenen, zu Kontroversen, die sich – ein Zeichen menschlichen Vernünftiger-Werdens? – nicht in Religionskriegen, sondern in öffentlichen Diskussionen äußern. Mediale Diskussionen, in denen, wie bei Diskussionen erwartbar, kaum anderes „herauskommt" als die eherne Bekundung des jeweils eigenen Standpunkts.

Eine Klarstellung sei vorangestellt. Es handelt sich hier um keine wissenschaftliche Untersuchung im Bereich der Theologie, Gesellschaftskunde, Philosophie oder Religionskritik. Ich bin kein Wissenschaftler. Aber als Musiker, der sich auch für andere Bereiche der Geisteskultur als nur die Musik interessiert, habe ich mich mit Entwicklungen in diesen Bereichen intensiv beschäftigt. Als Komponist dem *Weiterdenken* naturgemäß aufgeschlossen, hat diese Beschäftigung nicht nur das eigene Weltbild gefestigt, sondern vor allem die eigene Haltung in dieser Wirrnis religiöser und welt-anschauender Positionen gesichert.

Diese Arbeit versucht, über ein (siehe oben) *Anderswerden der Zustände* nachzudenken, weil dazu *die Bereitschaft wächst.* Jaspers ist auch zuzustimmen, wenn er schreibt *denn der Mensch ist nicht fähig, nicht zu glauben.* Es ist heute geboten, das menschliche Glaubenwollen von uralten, dogmatisch fixierten Religionssystemen abzulösen und es als „Religiosität" mit Bedacht hinüberzuführen in die „geistige Situation" des 21. Jahrhunderts. Bevor sich der Blick in Räume eines neuen postreligiösen Welt- und Menschenbildes richtet, möchte ich in dieser Arbeit die Baufälligkeit des christlichen Glaubensgebäudes analysieren – des Christentums als der mächtigsten Religion unseres Planeten. Dies deshalb, weil nicht nur Gläubige, sondern auch manche Theologen das Mobiliar in manchen Räumen dieses Gebäudes nicht kennen oder dessen Zustand nicht zur Kenntnis nehmen wollen.

Ich werde die Praxis in den meisten geisteswissenschaftlichen oder theologischen Abhandlungen weitgehend zu vermeiden suchen, der Darstellung den Schein eines „Es ist so", also einer Pseudo-Objektivität zu geben. Da ich mich nicht von der wissenschaftlichen Seite dem Thema nähere, sondern als denkender und beobachtender Künstler, werde ich der Erklärung kritisierter Fakten weniger Gewicht geben als diese selbst durch dokumentarische Belege aufzeigen. Es ist davon auszugehen, dass hier weitgehend Unkenntnis herrscht. Erbeten ist von Vorurteil freies Denken.

Die hier beobachteten Regionen reichen ins Metaphysisch-Transzendente, in Sphären, die sich objektiver Schau entziehen. Die Problematik beginnt mit der Diskrepanz zwischen der Undurchsichtigkeit und Unbeschreibbarkeit dieser „höheren" Sphären auf der einen und der Macht, mit der man sie ausstattet und mit der sie sich selbst ausstatten, auf der anderen Seite. Im Grunde geht es um: Graben oder Brücke zwischen den Reichen der Physik und der Metaphysik, dem sinnlich Erfassbaren und dem Übersinnlichen. Es geht um die berühmten „letzten Dinge". Dass man sie am „letzten" Platz aller Dinge ansiedelt und nicht am ersten, lässt die Scheu erkennen, sie mit offenem Blick anzusehen.

Religion

Was ist Religion? Die Philosophen und die Theologen zögern, diesen Begriff und seine reale Ausprägung durch eine Definition zu etikettieren. Inzwischen gibt es über hundert Definitionen. Auch hier zeigt sich: Je einfacher ein Begriff „verstanden" zu werden scheint, desto schwieriger ist es, ihn zu definieren. Aus Definitionen aus zwei gängigen Lexika greife ich stichwortartig zentrale Charakterisierungen heraus:

> *(…) die lebendige Beziehung des menschlichen Selbstbewusstseins auf das Gottesbewusstsein (…) das unwillkürliche Gefühl seiner [des Menschen] Abhängigkeit von einer höheren Macht (…)*[1] *– (…) das Ergriffenwerden von der Wirklichkeit des Heiligen, das überwiegend in Glaubensgemeinschaften, den geschichtlichen Religionen, seine Ausdrucksform findet. (…) Das religiöse Erleben hebt sich vom Erkennen einer Wahrheit, vom Anerkennen einer sittlichen*

1 *Brockhaus' Konversations-Lexikon*, Leipzig 1895.

Forderung und vom Erfassen eines ästhetischen Wertes mit gleicher Deutlichkeit ab.[2]

Aus dem langen Artikel „Religion" im *Lexikon der Theologie und Kirche*[3]:

(...) Dass Religion schlechthin eine Beziehung des Menschen zu Gott hin sei, lässt sich nicht behaupten, falls man dem Selbstverständnis der Religionen gerecht werden will. Der Begriff wäre zu eng. Demgegenüber sind „das Absolute", die „Transzendenz", „das Unendliche", „der letzte Grund", „das Heilige" in ihrer inhaltlichen Unbestimmtheit eher geeignete Elemente eines allgemeinen Religionsbegriffs. (...) – [Die Religionskritik führt Religion] auf andere Faktoren zurück (Geborgenheitssehnsüchte, Geltungstriebe, Erklärungsbedürfnisse, Illusionsanfälligkeiten, Machtstrukturen usw.), die nach ihrer Überzeugung in den Religionsbegriff aufgenommen werden müssten, wenn er aus der Naivität des religiösen Selbstverständnisses befreit werden sollte. (...) HANS ZIRKER

Aus systematischer Sicht wird man philosophischerseits Religion grundsätzlich als ein eigenständiges, nicht reduzierbares Paradigma umfassender Wirklichkeitsbetrachtung und -bewältigung ansehen dürfen (...). Besonderes Merkmal dieses Paradigmas ist, dass es die dem Menschen zugängliche Wirklichkeit als von einer anderen Wirklichkeit getragen und abhängig erfährt, die sich als bleibendes Geheimnis und Heiliges,

2 *Der Neue Brockhaus*, Wiesbaden 1968.

3 *Lexikon der Theologie und Kirche*, Freiburg/Breisgau, 2. Aufl., S. 1034 ff.

d. h. als das Unfassbare und Unverfügbare schlechthin, kundtut. (…) HEINRICH M. SCHMIDINGER

Schon aus den wenigen philosophischen und theologischen Definitionsbeispielen ist zu erkennen, dass „Religion" nicht *schlechthin eine Beziehung des Menschen zu Gott hin sei* und der inhaltlichen Unbestimmtheit seiner vielen Komponenten wegen kaum umfassend zu bestimmen ist. Im allgemeinen Sprachgebrauch wird unter „Religion" ein System von ethischen[4] Wertvorstellungen verstanden, das dem Einzelnen durch feste Gebote einen moralischen Rahmen bietet und als organisatorisch zusammengefasste Gemeinschaft der an dieses religiöse System Glaubenden die Gesellschaft und oft auch die Politik beeinflusst. Die ethischen Vorschriften fast aller Religionen fordern Achtung des Anderen und seiner Interessen, Vergebung, Barmherzigkeit und Frieden im Miteinander der Menschen.

Religion, so hoch sie als große geistige Errungenschaft des Menschen auch gewertet werden muss, ist ihrem Wesen nach angesiedelt zwischen Sicherheit, Zweifel, Unsicherheit, Hoffnung, Fanatismus, Hingabe und Ablehnung, Fühlen und Denken, letztlich zwischen Glauben und Wissen. Sie befindet sich damit in Räumen, in welchen mehr heiliger Nebel herrscht als klares Licht. Und die ewige Frage, die große QUAESTIO AETERNA beginnt dort, wo Religion überzeugt ist, das Licht zu bringen, wo Menschen glauben, von ihr das Licht zu erhalten.

4 Die philosophischen Bedeutungsunterschiede zwischen den Begriffen „Ethik" und „Moral" sind wegen ihrer Überschneidungen kaum korrekt in die Formulierungspraxis zu übertragen.

Diese große Frage ist für alle, die sich nicht zu vorgefertigter religiöser Lebens- und Weltanschauung bekennen, eine offene, und sie forderte von Anfang an Denker zur Stellungnahme heraus. Aus der Fülle von Äußerungen über Religion von solchen nicht primär religiös gebundenen Persönlichkeiten seien quer durch die Zeiten einige besonders kennzeichnende wiedergegeben:

> Horaz, Sermones 1, 9, 70: *Ich habe keine Religion. (Original lat.: nulla mihi [...] religio est.)*
>
> Seneca: *Der gemeine Mann betrachtet die Religion als richtig, der Weise als falsch und der Politiker als nützlich.*[5]
>
> Arthur Schopenhauer bezeichnet Religion als Volksmetaphysik[6]: *Religionen sind dem Volke nothwendig, und sind ihm eine unschätzbare Wohlthat. Wenn sie jedoch den Fortschritten der Menschheit in der Erkenntniß der Wahrheit sich entgegenstellen wollen, so müssen sie mit möglichster Schonung bei Seite geschoben werden.*[7]
>
> Ludwig Feuerbach: *Der Religion ist nur das Heilige wahr, der Philosophie nur das Wahre heilig.*[8]

---

5 Wird weithin Seneca zugeschrieben. Die Quelle bei ihm ist allerdings nicht gesichert.

6 Arthur Schopenhauer: *Die Welt als Wille und Vorstellung II, Zürich 1988 (1991),* Kapitel 17. „Ueber das metaphysische Bedürfnis des Menschen", S. 190.

7 Ebd., S. 195.

8 Das Zitat wird ohne Quellenangabe stets in dieser Form wiedergegeben. Der originale Wortlaut ist: *...denn der Theologie, sage ich, sei nur das ihr Heilige wahr, der Philosophie aber nur das Wahre heilig...* In: Ludwig Feuerbach: *Das Wesen der Religion*, Stuttgart 1938, S. 12.

Jacob Burckhardt: *Die Religionen sind der Ausdruck des ewigen und unzerstörbaren metaphysischen Bedürfnisses der Menschennatur. (…) Die Weltreligionen sind es, welche die größten historischen Krisen herbeiführen. Sie wissen von Anfang an, dass sie Weltreligionen sind, und wollen es sein.*[9]

Sigmund Freud: *(…) die Religion hat der menschlichen Kultur offenbar große Dienste geleistet, zur Bändigung der asozialen Triebe viel beigetragen, aber nicht genug. Sie hat durch viele Jahrtausende die menschliche Gesellschaft beherrscht; hatte Zeit zu zeigen, was sie leisten kann. (…) Es ist zweifelhaft, ob die Menschen zur Zeit der uneingeschränkten Herrschaft der religiösen Lehren im ganzen glücklicher waren als heute, sittlicher waren sie gewiß nicht.*[10]

Albert Einstein: Für mich ist die unverfälschte jüdische Religion wie alle anderen Religionen eine Inkarnation des primitiven Aberglaubens. Und das jüdische Volk, zu dem ich gern gehöre und mit dessen Mentalität ich tief verwachsen bin, hat für mich doch keine andersartige Qualität als alle anderen Völker.[11]

Die Worte von Horaz und Seneca beziehen sich höchstwahrscheinlich auf die im damaligen Rom als „Staatsreligion" auf-

9 Jacob Burckhardt: *Weltgeschichtliche Betrachtungen,* Paderborn 2011, Reproduktion des Originals, II. 2., S. 30 und 38.

10 Sigmund Freud: *Die Zukunft einer Illusion,* Leipzig, Wien und Zürich 1927, Kapitel VII. Zitiert nach: http://gutenberg.spiegel.de/buch/929/7.

11 Einstein in einem handgeschriebenen Brief vom 3. Januar 1954, ein Jahr vor seinem Tod, an den jüdischen Religionsphilosophen Eric Gutkind. Zitiert nach: http://www.tagesspiegel.de/politik/geschichte/albert-einstein-relativ-unglaeubig/1233610.html.

tretenden religiösen Anschauungen und Riten, die anderen Zitate auf die christliche und jüdische Religion. Diesen wenigen Beispielen könnte eine Fülle von Äußerungen ähnlicher Art hinzugefügt werden. Deutlich ist skeptische Distanz bis ablehnende Haltung gegenüber dem Phänomen Religion abzulesen. Ich will die Entstehung dieses Phänomens nun nicht aus theologischer oder evolutionstheoretischer Sicht untersuchen, sondern schlicht von der vermutbaren psychologischen Erlebnisform unserer Ururvorfahren her zu deuten versuchen.

Wahrscheinlich ließ ganz einfach das panisch erlebte Erschrecken vor dem Aufzucken des zerstörenden Blitzes und dem markerschütternden Knall des Donners die Vorstellung von einer geheimnisvollen Macht, von einem Irgendetwas „droben" oder „drunten" entstehen. Diese unbegreifbare, aber in das Leben sicht- und hörbar eingreifende Macht wurde animalisiert oder personalisiert, wurde ein *Wesen*, und damit mit tierischen oder menschlichen Eigenschaften ausgestattet. Wir können nicht wissen, wie weit das Gehirn des Urmenschen schon die Fähigkeit zum Erahnen von Metaphysik oder Transzendenz besaß.

Die weitere Entwicklung ist etwa in dieser Weise denkbar: Entstehung des Opferkultes, um die imaginäre Macht beziehungsweise das sie verkörpernde „Wesen" zu besänftigen. Bewusstwerden des Todes – ein Mensch oder ein Tier liegt auf dem Boden, ohne Bewegung, ohne Atem. Kein Aufwachen mehr. Es entstehen gemeinsame Ansichten über die Deutung solcher allmählich bewusst werdenden Geheimnisse. In die Auffassungen treten allmählich immer mehr Wunschvorstellungen ein. Dann: Organisation und Gruppenbildung durch Stammesführer oder –älteste, Medizinmänner, Zauberer, später dann Priester.

Im weiteren Verlauf der politisch-gesellschaftlichen Entwicklung konnten sich Lehren von charismatischen „Religions"-Stiftern zu Religionen entwickeln, wenn religiöse, politische und soziologische Konstellationen dies förderten. Das Entstehen fast aller großen Religionen ist historisch datierbar, wenn es auch oft legendenhaft verschleiert dargestellt wird. Religionen sind nicht vom Himmel gefallen, sondern gehen von sterblichen Menschen aus, Menschen, die behaupteten, dass Gott sich ihnen offenbart habe, oder von Menschen, denen der Erzengel Gabriel ins Herz schrieb, was Allah den Menschen sagen wollte, oder von Menschen, aus denen andere Menschen Gottes Sohn machten.

Es entstanden „Heilige Bücher", deren Texte als „Offenbarungen Gottes" und damit als „Wort Gottes" verehrt und angebetet werden, weil sie die *Wahrheit* lehren. Die Geschichte zeigt, dass es bei nahezu allen Religionen bald zu *Dogmatisierung* von Glaubensinhalten kam, zur Kodifizierung und damit Verabsolutierung der das Glaubensgut ordnenden Regeln. Das animalische Erbe im Menschen trug dazu bei, das Bedürfnis nach Territoriumsabgrenzung entstehen zu lassen. Den Bestand dieses heiligen Reiches eigener religionsethischer Ideen und Maximen sicherten dann nicht zuletzt die zur Ausstattung des Menschen gehörenden Charakterzüge Machthunger und Herrschaftsanspruch. Die imaginäre geheimnisvolle Macht des „Irgendwas da droben" wurde zur realen gesellschaftlichen und politischen Macht. Das Bewusstsein, im Besitz einer – oder auch: *der* – Wahrheit zu sein, verklärte sich zur Ideologie und erzeugte damit jene verhängnisvolle Polarisierung: Hie Gläubiger – dort Ungläubiger.

Zweifellos sind Religionen ein bedeutsames Ergebnis der kulturellen Evolution, ein Versuch, dem Menschen in seiner existenziellen und psychischen Ausgesetztheit Seelenhilfen und Wegzeichen zu geben. Jedoch: Im Laufe der Jahrtausende bildete sich jene Situation heraus, von deren tief gehender Problematik die hier festgehaltenen Zitate sprechen. Und nicht nur die warnenden Zurufe weiter blickender Denker sind es, die das wachsende Unbehagen mit der „geistigen Situation der Zeit" aufzeigen, das Verlangen nach einer Abkehr von bisher als unantastbar geltenden religiösen Werten ist in weiten Kreisen vor allem der europäischen Gesellschaft unübersehbar.

Christentum

Nach der Erörterung allgemeiner Aspekte von Religion grenze ich das Feld ein und wende mich dem Christentum als der größten Weltreligion zu. Die hier schon angezeigte Neigung von Religionen zu Machtentfaltung zeigt sich beim Christentum in hohem Maße. In die Weltgeschichte haben sich unzählige Beispiele christlichen Machthungers, Geschehnisse bis hin zum Völkermord eingeschrieben. Früher auch politisch totaler Machtanspruch scheint zwar in demokratischen Staaten durch Gesetze und Konkordate in einigermaßen geordnete Bahnen gelenkt, der Einfluss des Christentums wie anderer Religionen auf die äußere und innere Lebensgestaltung der Menschen bleibt aber nach wie vor weitgehend erhalten. Und dass dieser Einfluss von der Wiege bis zur Bahre, vom Kindergarten bis zur Universität, vom Plenarsaal im Parlament bis ins private Schlafzimmer ein gewaltiger ist, erscheint heute wie je von bestürzender Offensichtlichkeit.

Seit Jahrzehnten ließ mich die Frage nicht los, ob die auch heute noch bestehende Bedeutung des Christentums, die ihm weltumfassend zugemessen wird, mit seiner Glaubenssubstanz und der historischen Begründbarkeit seiner Entstehung in Einklang zu bringen ist. Das Studium seiner Entstehungsgeschichte lenkte meine Aufmerksamkeit auf die Inhalte seines Glaubenssystems, und diese eingehende Beschäftigung mit der Bibel und den fundamentalen Dokumenten des christlichen Glaubens verwandelte meine schon lange bestehende Skepsis zur festen Überzeugung, dass diese alte Religion in der Zeit, in der wir heute leben, völlig unglaubhaft und zum geistigen Fossil geworden ist.

Nicht die Tatsache der um sich greifenden Säkularisierung soll quantitativ argumentierend hier ins Treffen geführt werden. Im Folgenden wird meine eigene kritische Einstellung an Beispielen zentraler Kritikpunkte an der christlichen Lehre aufgezeigt.

Bibel als Heilige Schrift

Die Bibel, die Heilige Schrift ist die schriftliche Grundlage des christlichen Glaubens. Die theologisch seit vielen Jahrhunderten und medial seit Jahrzehnten geführten Debatten über die Frage, ob das aus vielen Einzelteilen bestehende Werk im Ganzen oder nur in Abschnitten als Gottes Offenbarung, als Gottes Wort zu werten, als heilig anzusehen und zu verehren ist, müssen für die 1,181 Milliarden Katholiken seit 1965 als entschieden anzusehen sein: Das II. Vatikanische Konzil hat in der Dogmatischen Konstitution über die göttliche Offenbarung DEI VERBUM[12] dekretiert:

> *Das von Gott Geoffenbarte, das in der Heiligen Schrift enthalten ist und vorliegt, ist unter dem Anhauch des Heiligen Geistes aufgezeichnet worden; denn aufgrund apostolischen Glaubens gelten unserer heiligen Mutter, der Kirche, die Bücher des Alten wie des Neuen Testamentes in ihrer Ganzheit mit allen ihren Teilen als heilig und kanonisch, weil sie, unter der Einwirkung des Heiligen Geistes geschrieben (…), Gott zum Urheber haben und als solche der Kirche übergeben sind.*

Also: Gott der *Urheber* des Neuen *und* des Alten Testaments. Waren die Urheber dieser Dogmatischen Konstitution, die hochwürdigen Herrn Kardinäle, im Jahre 1965 sich bewusst, dass sie damit auch die geradezu unzähligen zu Menschen- und Völkermord aufrufenden Verse im Alten Testament als Worte Gottes legitimieren? Als ich einmal einen gar nicht unbekannten Theologen auf die Formulierung „Gott zum Urheber" aufmerksam machte, sagte er ziemlich fassungslos: „Steht das wirklich so drin?" Im Übrigen: „Katechismus der katholischen Kirche", Nr. 123: *Die Christen verehren das Alte Testament als wahres Wort Gottes.*

Das starre Festhalten an der undifferenzierten Heiligung *aller* dieser unzählige Male übersetzt, bearbeitetet, wahrscheinlich nicht selten auch manipuliert oder gefälscht

12 3. Kapitel, 11. Alle Zitate aus christlichen Lehrverkündigungen sind nachzulesen in: Neuner-Roos: *Der Glaube der Kirche in den Urkunden der Lehrverkündigung*, neu bearbeitet von Karl Rahner und Karl-Heinz Weger, Regensburg 1971, hier zitiert aus der 12. Auflage. Im Folgenden unter *Neuner-Roos.*

vorliegenden Worte dieser alten „Schrift", geschrieben von vielen Autoren zu verschiedenen Zeiten, stellt für mich einen geradezu unsinnigen Kardinalfehler der christlichen Theologiepolitik dar. Die protestantische Kirche hat die katholische in der Bibelhörigkeit noch übertroffen. Aufgrund der Luther-Formulierung, allein die Schrift sei Königin[13], entstand ihr Glaubensprinzip *Sola scriptura* – allein die (Heilige) Schrift ist die Grundlage des christlichen Glaubens, nicht die Tradition der Kirche. Bemühungen vernünftiger Theologen beider Konfessionen um Lockerung dieser starren Sichtweise müssen zur Aussichtslosigkeit verurteilt bleiben. In der Tat nicht zu Unrecht, denn ohne Bibel könnte sich das Christentum auf nichts mehr berufen.

Die Bibel ist Weltliteratur. Historisches und Literarisches aber zur tragenden Säule eines religiösen Glaubensgebäudes zu machen, hat größte Bewertungsunsicherheit entstehen lassen. Und damit den Berufsstand der Theologen geschaffen, deren apologetische Werke, Interpretations- und Erbauungsschriften nicht nur Kloster- und Universitätsbibliotheken sowie Stadtbüchereien füllen, sondern auch in Buchhandlungen auf der ganzen Welt vertreten sind. Ein Zeichen sowohl für Welterfolg als auch für die Notwendigkeit, die geistige Tragfähigkeit dieser Säulen doch sehr gründlich in Augenschein zu nehmen.

13 Martin Luther in seiner Rechtfertigung *Assertio* („Freiheitserklärung") von 1520. Zitiert nach: http://de.wikipedia.org/wiki/Sola_scriptura.

Offenbarungsglaube

Das „von Gott Offenbarte" – die Frage, was dies alles umfasst, bleibt offen. Die Frage „Wem offenbart?" beantwortet Paulus: *Denn ich tue euch kund, liebe Brüder, dass das Evangelium, das von mir gepredigt ist, nicht von menschlicher Art ist. Denn ich habe es nicht von einem Menschen empfangen oder gelernt, sondern durch eine Offenbarung Jesu Christi.*[14]

Zu der Offenbarungsproblematik, die vom kirchlichen Lehramt naturgemäß mit allem theologischen Vorurteil behandelt wird, schrieb Feuerbach scharfsinnige Sätze, gegen die sich nur schwer Gegenargumente erdenken lassen:

> *Der Glaube an eine schriftliche Offenbarung ist nämlich nur da noch ein* **wirklicher, ungeheuchelter** *und insofern auch* **respektabler** *Glaube, wo geglaubt wird, daß* alles*, was in der heiligen Schrift steht, bedeutungsvoll, wahr, heilig, göttlich ist. Wo dagegen unterschieden wird zwischen Menschlichem und Göttlichem, relativ und absolut Gültigem, Historischem und Ewigem, (…) da wird das* **Urteil des Unglaubens***, daß die Bibel kein* **göttliches Buch** *ist, schon in die Bibel hineingetragen.*[15]

Darwin schrieb im Jahre 1880 einem Briefpartner: *Es tut mir leid, dass ich Sie informieren muss, dass ich die Bibel nicht für eine göttliche Offenbarung halte und dass ich daher nicht an Jesus als den Sohn Gottes glaube.*[16]

---

14 Galater 1,11.12. Hinweis: Alle Bibelzitate sind in der Einheitsübersetzung wiedergegeben.

15 Ludwig Feuerbach: *Das Wesen des Christentums*, Stuttgart 1969, 22. Kapitel, S. 318. Hervorhebungen im Original.

16 D. Appleton and Co.: *Life and Letters of Charles Darwin*, New York 1911, Bd. 1, S. 278. Zitiert nach: John M. Brentnall/Russell

Die Theologie bemüht sich seit undenklichen Zeiten um den Beweis, dass die Bibel göttlichen Ursprungs ist. Da dies auf historisch-wissenschaftliche Weise nicht gelungen ist und wahrscheinlich mit der nötigen neutralen Korrektheit auch nie jemals schlüssig dokumentierbar ist, muss sich die Theologie mit der ihr eigenen Erklärungsvirtuosität in jene mystisch-mysteriöse Sphäre begeben – eigentlich: zurückziehen, in der geglaubt wird, durch Glauben zu wissen.

Jesus Christus

Die Göttlichkeit des Gottessohnes Jesus Christus wurde in der I. Kirchenversammlung zu Nizäa (325) beschlossen: *Wir glauben an den einen Gott, den allmächtigen Vater, Schöpfer aller sichtbaren und unsichtbaren Dinge, und an den einen Herrn Jesus Christus, den Sohn Gottes (…).* Dann, nach Zeilen, die dem Heilsweg Jesu gewidmet sind, lapidar: *Und an den Heiligen Geist.* Um dessen Göttlichkeit aber wurde weiter gerungen. Die dogmatisch einigermaßen gesicherte und damit endgültige Aufnahme des Heiligen Geistes in die göttliche Dreifaltigkeit (Trinität) beschloss nach 56 Jahren dann das Konzil von Konstantinopel (381).

Ungeklärt aber blieb das Verhältnis zwischen göttlicher und menschlicher Natur in Jesus Christus. Nach weiteren hochgelehrten Auseinandersetzungen fand 70 Jahre später das Konzil zu Chalzedon (451) „einstimmig" die theologi-

M. Grigg: *Darwins langsames Abgleiten in den Unglauben* (*Darwin's slippery slide into unbelief*), Creation 18 (1) Dezember 1995, S. 34–37. Auch zu finden unter: https://creation.com/darwins-slippery-slide-into-unbelief-german.

sche Lösung, *dass der Sohn, unser Herr Jesus Christus, ein und derselbe sei. Der eine und selbe ist vollkommen der Gottheit und vollkommen der Menschheit nach, wahrer Gott und wahrer Mensch (…).* 1.500 Jahre später lobt Papst Pius XII in seinem Rundschreiben SEMPITERNUS REX in der *Ausdrucksweise des Konzils von Chalcedon* die *Klarheit und Wirkungskraft in der Zurückweisung des Irrtums*. In weiterer Klarheit (?) schreibt der Papst: *Darum muss man in der herkömmlichen und einwandfreien Ausdrucksweise sagen, in Gott seien* ***eine*** *Natur und drei Personen, in Christus aber* ***eine*** *Person und zwei Naturen.*[17] Dieses entschlossene Festhalten an der Göttlichkeit des Wanderpredigers Jesu aus Betlehem beziehungsweise Nazareth hat sich heute nicht geändert. Für Papst Benedikt XVI. ist Christus *der lebendige, gegenwärtige Gott.*[18]

Auch im Protestantismus hat der Glaube an Jesus Christus fast mehr Gewicht als der Glaube an Gott. So schreibt der namhafte evangelische Theologe Gerhard Ebeling: *Durch die Konzentration des Christlichen auf den Glauben an Jesus Christus ist grundsätzlich festgehalten, dass das Christentum als Religion nicht mit der Wahrheit identisch ist, die Wahrheit vielmehr ihm selbst extern ist. Nur in dem Maße, wie alles am Christentum auf Jesus Christus bezogen und auf ihn hin relativiert wird, hat es an der Wahrheit teil.*[19]

Eine für mein Verständnis prekäre theologische Behauptung eines hochgebildeten, integren, sehr verdienstvollen Mannes. Hieße dies wirklich, dass das Christentum als

17 Neuner-Roos, Nr. 138, S. 100.

18 Benedikt XVI.: *Licht der Welt*, Freiburg/Breisgau 2010, S. 128.

19 Gerhard Ebeling: *Dogmatik des christlichen Glaubens*, Bd. I, 2. Auflage, Tübingen 1982, S. 135.

Religion „nur in dem Maße“ an der Wahrheit teilhat, wie alles an ihm „auf Jesus Christus bezogen und auf ihn hin relativiert wird“? Kann es im Christentum außerhalb dieses „Maßes“ aber noch anderes geben, da doch der Glaube an Jesus Christus als „wahren Gott und Menschen „ (Katechismus der katholischen Kirche, Nr. 464) zentrales Dogma dieser Religion ist? Zwei Formen der Teilhabe an der Wahrheit, eine mit Bezogenheit auf Jesus Christus und eine ohne diese „Relativierung“? Was ist *relativierte Wahrheit*? Auf welche Grundlagen stützt sich dieses Diktum, genauer: kann es sich stützen?

Auf die Wahrheit Jesus Christus. – Wer war Jesus Christus, geboren als Zimmermanns- oder Bauhandwerkersohn mit dem Namen Jehoschua Ben Joseph? Für Versuche einer Beantwortung dieser Frage haben mehr als ein Dutzend von Jahrhunderten lang unzählige gescheite Menschen, unzählige Schriften verfassend, oft Jahrzehnte ihres Lebens aufgewendet. Fast alle Ergebnisse sind nicht von der Prämisse objektiven Forschens und Analysierens bestimmt, sondern von preisendem und rühmendem Glauben. Und damit befindet man sich wieder in diesem Nebelreich, in dem ich selbst mich nicht wohlfühle, weil ich klares Denken höher schätze als das Absolutnehmen von imaginären Transzendentalien.

Die Geschichtlichkeit von Jesu Wirken ist im Neuen Testament, wie gesagt, eindeutig nur für den Glaubenden belegt. Die vorhandenen Zeugnisse einiger nicht christlicher Geschichtsschreiber der damaligen Zeit (Flavius Josephus, Tacitus, Sueton) erwähnen knapp einen „Christus“ oder „Chrestus“, der von Pontius Pilatus zum Tode verurteilt wurde. In den Erwähnungen findet sich nur die Bezeichnung *Christus,* nirgends *Jesus*. Diese Stellen werden von den Gelehrten umso beweiskräftiger gewertet, je mehr die Forscher mit den Kirchen verbunden sind. Für Papst Benedikt XVI. ist die Historizität Jesu absolute Gewissheit: *Das Wirken Jesu ist nicht als ein mythisches Irgendwann anzusehen, das zugleich immer und nie bedeuten kann; es ist genau datierbares historisches Ereignis mit dem ganzen Ernst wirklich geschehener menschlicher Geschichte – mit ihrer Einmaligkeit, deren Weise von Gleichzeitigkeit mit allen Zeiten anders ist als die Zeitlosigkeit des Mythos.*[20]

Die Evangelien

Vor einigen Jahrzehnten las ich an den Ostertagen in den vier Evangelien alle in direkter Rede stehenden Worte Jesu, also alles, was die Evangelisten von seinem in Worte gefassten Denken berichten. Die offene Frage der Echtheit der Jesus-Worte ließ ich ausgeklammert, denn alles, was ich las, steht seit Jahrhunderten in den Bibeln der Welt, wurde und wird von Milliarden von Menschen gelesen und bildet Tradition und Lehre der christlichen Kirchen.

Ich las, und es formte sich das Bild dieses Mannes Jesus. Eine auf seltsame Weise beeindruckende Persönlichkeit, begnadet mit plastischer Prediger-Eloquenz, ein Menschenfänger, ein Poet, ein weiter Denkender, ein in jüdischer Religion umfassend Gebildeter, der die Unerbittlichkeit ihrer Gesetze vermenschlichen wollte, einer, der die gesellschaftlichen Verhältnisse seines Landes und seiner Zeit anprangerte. Auch die politischen? Hier stehen wir vor der unlösbaren Frage, wie weit die diesbezüglichen Formulierungen der Evan-

20 Joseph Ratzinger: *Jesus von Nazareth*, Freiburg/Breisgau 2007, S. 38.

gelisten von Rücksichten auf die römische Staatsmacht geprägt sind.

Ich las – und musste in diesem Jesusbild auch andere Züge erkennen, Persönlichkeitsmerkmale, die mich in innere Distanz ziehen. Ich fühle mit dem grausam gekreuzigten *Menschen* Jesus; aber mit der zu Gottes Sohn erhobenen Erscheinung Jesus Christus habe ich große Probleme, Schwierigkeiten, dieses Konstrukt aus Gott und Mensch emotional und/oder rational als Zentrum eines Glaubens verstehen, akzeptieren, geschweige denn anbeten zu können. In den biblischen Worten Jesu Christi bereitet mir die darin ständig aufscheinende, bis zur Arroganz gesteigerte selbstbewusste Überheblichkeit und Abgehobenheit, diese stets betonte Sonderstellung eines sich als Sohn Gottes Fühlenden inneres Unbehagen. Fünf Beispiele: Mk 16,16: *Wer glaubt und sich taufen lässt, wird gerettet; wer aber nicht glaubt, wird verdammt werden.* – Mt 28,18-20: *Mir ist alle Gewalt gegeben im Himmel und auf Erden. Geht darum hin und macht alle Völker zu Jüngern, indem ihr sie tauft auf den Namen des Vaters und des Sohnes und des Heiligen Geistes und sie lehrt, alles zu halten, was ich euch aufgetragen habe.* – Lk 7,23: *Selig ist, wer an mir keinen Anstoß nimmt.* –Joh 8,51: *Amen, amen, ich sage euch: Wenn jemand an meinem Wort festhält, wird er auf ewig den Tod nicht schauen.* – Joh 14,1: *Euer Herz erschrecke nicht! Glaubt an Gott und glaubt an mich!* – Weitere Jesusworte werden im Abschnitt über die Evangelien aufscheinen.

Als Grundgerüst des christlichen Glaubens werden Jesu Aussagen in Dokumenten des Klerus, in theologischen Schriften, in allen rituellen Zeremonien und weit darüber hinaus zitiert. Christlicher Glaube beruft sich stets und ständig darauf, und in vielen Predigten stützt sich der Prediger auf ein Jesuswort, das er im Bestreben, es der andächtig lauschenden Gemeinde nahezubringen, bis zur letzten Silbe erklärt, seziert, analysiert, auslegt. Ist es ein Zeichen von größter Empfänglichkeit für das „Wunder des Glaubens", der Gnade des Glauben-*Könnens* – oder stellt es eine vom Trieb des Glauben-*Wollens* erzeugte geistige Eindimensionalität dar, wenn bei Gläubigen der Blick auf das Leben und auf die Welt wie durch einen Jesus-Filter gefärbt ist? Es sei angemerkt, dass mir verabsolutierende Fokussierungen auf einzelne Persönlichkeiten lebenslang fremd waren.

Ein fundamentaler Widerspruch ist offensichtlich: So zentral die Inhalte der Worte Jesu Christi für den Glauben sind, so umstritten und unsicher ist die Frage, welche Aussagen Jesus selbst zugeschrieben werden können und welche, geschrieben nach früheren Erzählungen, Gerüchten oder Dokumenten, der werbenden Intention der Evangelisten entstammen. Die Forschungsergebnisse der Wissenschaft unterscheiden sich – fast hätte ich gesagt: naturgemäß – von den ideologisch infiltrierten Standpunkten der Theologen. Meine eigene Ansicht als Nichttheologe, dem das Lösen vom unreflektierten „an den Glauben glauben" inneres Anliegen ist, steht der jeder kritischen Frage enthobenen christlichen Totalvereinnahmung der Erscheinung Jesus skeptisch gegenüber. Zitate aus Schriften bedeutender Theologen zeigen, dass auch ihnen diese Skepsis nicht fremd ist.

Gerd Lüdemann, Professor für Neues Testament in Göttingen, dem seine kritische Haltung gravierende berufliche Repressalien eintrug[21]: *Beanspruchen die christlichen Kirchen Jesus für sich, dann müssen sie Jesus, wie er wirklich war, respektieren und die späteren Übermalungen seiner Verkündigung und Person als späteres Beiwerk anerkennen; hierzu gehören auch (nämlich neben aller Christologie) rund 85 % aller überlieferten Worte Jesu.*[22]

Der bekannte Neutestamentler Gerd Theissen: *Wir müssen eins immer im Kopf behalten: Keines der kursierenden Jesus-Bilder ist neutral. Immer sind irgendwelche Interessen verwoben.*[23]

Lüdemann: *Wir können zunächst gar nicht anders, als Jesus gegen all das in Schutz zu nehmen, was die ersten Christen aus ihm gemacht haben. Was dann übrigbleibt, ist freilich zu wenig, um darauf ein Christentum zu bauen, zumal man dann Jesus gegen seine eigene Intention verstehen und außerdem seine fehlgeschlagene Zukunftserwartung übertünchen müsste.*[24]

Schweitzer: *Der Jesus von Nazareth, der als Messias auftrat, die Sittlichkeit des Gottesreiches verkündete, das Himmelreich auf Erden gründete und starb, um seinem Werke die*

---

21 In dem bis zum Bundesverfassungsgericht geführten Prozess, für Lüdemann erfolglos, befand zum Beispiel das Verwaltungsgericht Göttingen: *Sein Amt* [Professor für Theologie] *ist also ein so genanntes konfessionsgebundenes Staatsamt.* – Ein Beispiel für die verlogene Beziehung zwischen Kirche und Staat.

22 Gerd Lüdemann: *Das Unheilige in der Heiligen Schrift. Die andere Seite der Bibel*, Stuttgart 1996, S. 122.

23 www.geistigenahrung.org/ftopic23626.html.

24 Gerd Lüdemann: *Der große Betrug. Und was Jesus wirklich sagte und tat*, Lüneburg 1998, S. 123.

> *Weihe zu geben, hat nie existiert. Es ist eine Gestalt, die vom Rationalismus entworfen, vom Liberalismus belebt und von der modernen Theologie in ein geschichtliches Gewand gekleidet wurde.*[25]

> In meinem Buch Kreuz-Weg hatte ich geschrieben: *Wäre die Erinnerung an einen Wanderprediger namens Jesus geblieben, wenn die Urgemeinde und Paulus nicht aus dem Mann, der zweifellos ein besonderer Mensch gewesen sein muss, den Gottessohn Christus gemacht hätten? (...) Wie man auch die Frage beurteilen mag, ob die Lehre des galiläischen Rabbi die Menschen besser zu machen imstande war oder nur in überwältigendem Maß die Geschichte beeinflusste: Die Wirkung Jesu lebt, und dies seit fast zweitausend Jahren.*[26]

Auf die Fragen um Entstehungs- und Textgeschichte etc. des Neuen Testaments soll hier nicht näher eingegangen werden. Feststehende, umstrittene und unrichtige Fakten sind aus der unübersehbaren Fülle von Schriften und medialen Informationsmöglichkeiten, nicht zuletzt aus dem Internet, ables- und abrufbar. Festhalten möchte ich jedoch zwei Punkte: 1. Jesus und seine Jünger sprachen eine Form des Aramäischen. Aufgezeichnet sind deren Worte von den Evangelisten, die Jesus nie begegnet waren, in hellenistischer Gemeinsprache, also auf Griechisch. Die nicht von anderen Evangelisten oder der

25 Albert Schweitzer: *Von Reimarus zu Wrede. Eine Geschichte der Leben-Jesu-Forschung*, Tübingen 1906, S. 631 f.

26 Gerhard Wimberger: *Kreuz-Weg – Quellen des Christentums*, Wien-Klosterneuburg 1999, S. 127.

sogenannten „Logienquelle“[27] übernommenen Evangelienberichte stellen somit Übersetzungen von Erzählungen dar, die den Verfassern in einer anderen Sprache zugekommen waren. Wie weit dies in mündlicher oder schriftlicher Form (?) geschah, ist nicht oder kaum mehr feststellbar. Jedenfalls lässt sich hier ein weites Feld von Ungenauigkeiten, Fehlern, Verzerrungen und Eigentexterfindungen erahnen. – 2. In der Dogmatischen Konstitution über die göttliche Offenbarung DEI VERBUM dekretiert das II. Vatikanische Konzil 1965: *18. Niemandem kann es entgehen, daß unter allen Schriften, auch unter denen des Neuen Bundes, den Evangelien mit Recht ein Vorrang zukommt. Denn sie sind das Hauptzeugnis für Leben und Lehre des fleischgewordenen Wortes, unseres Erlösers.* Also „Vorrang“ der vier Evangelien vor den übrigen Schriften des Neuen Testaments, damit auch vor den Paulusbriefen. Bemerkenswert ist, dass diese etwa 15–20 Jahre *vor* der Abfassung des am frühesten entstandenen Evangeliums, des Markusevangeliums (etwa 70 n. Chr.), geschrieben wurden. Auch Theologen finden es bemerkenswert, dass Jesus in diesen Briefen wesentlich weniger mit diesem Namen, sondern viel öfter als „Christus“ genannt ist. Auffällig zudem, wie äußerst selten Paulus von verkündigenden Worten Jesu schreibt. Die Wundertaten erwähnt er überhaupt nicht. Die Theologie windet sich mit nicht überzeugenden Erklärungen um die Frage herum, wie-

27 Logienquelle (Q): Ein hypothetischer, griechischer, handschriftlich fixierter Text, der den Autoren des Matthäus- und des Lukasevangeliums neben dem Text des Markusevangeliums als zweite Quelle vorlag. Es gibt keine erhaltenen Manuskripte der Logienquelle, sie wird in der Überlieferung der frühen Kirche nicht erwähnt und ist als historisches Dokument nicht nachgewiesen. Abschriften von Q wurden nie gefunden.

so einige wenige für den Glauben essenzielle Aussagen bei Paulus nur als eine Art „Anweisung" Jesu Christi erwähnt sind – diese Glaubensgebote aber Jahrzehnte später in vollem Wortlaut von den Evangelisten niedergeschrieben wurden.

Der Vorrang der Evangelien innerhalb aller Schriften der Bibel wird in der genannten Dogmatischen Konstitution DEI VERBUM besonders hervorgehoben. Es wird ihnen Geschichtlichkeit zugesprochen: *19. Unsere heilige Mutter, die Kirche, hat entschieden und unentwegt daran festgehalten und hält daran fest, daß die vier genannten Evangelien, deren Geschichtlichkeit sie ohne Bedenken bejaht, zuverlässig überliefern, was Jesus, der Sohn Gottes, in seinem Leben unter den Menschen zu deren ewigem Heil wirklich getan und gelehrt hat bis zu dem Tag, da er aufgenommen wurde."*

> Das war 1965. 2007 schreibt Joseph Ratzinger/Benedikt XVI.: *Denn für den biblischen Glauben ist es wesentlich, dass er sich auf wirklich historisches Geschehen bezieht. Er erzählt nicht Geschichte als Symbole über geschichtliche Wahrheiten, sondern er gründet auf Geschichte, die sich auf dem Boden dieser Erde zugetragen hat.*[28]

Aus Respekt vor einem Mann, der das heute extrem schwere Amt eines Papstes auf sich nahm, möchte ich mich eines Kommentars enthalten. Nur: Die Konsequenzen solch überdimensionalen Glaubens lassen die Frage nach der Überzeugungsfähigkeit der Evangelien in einer aufgeklärten Zeit wie heute noch prekärer werden, als sie es im Grunde schon von Anfang an war. Und je intensiver biblischer Glaube auf Historizität des in den Evangelien berichteten Geschehens beharrt,

28 Ratzinger: *Jesus von Nazareth*, Teil I, S. 14 f.

desto nötiger erscheint eine von religiöser Einseitigkeit freie Sicht auf diese Religionsfundamente.

Widersprüchliches

Aus der Fülle der – auch von Theologen unentwegt diskutierten – Beispiele für Widersprüchliches, Unglaubwürdiges und Auffälliges möchte ich in zusammenfassender Form einiges festhalten.

Nach Markus ist Jesus geboren in Nazareth, nach Matthäus und Lukas in Betlehem, der „Stadt Davids". Jesu Vater Josef entstammte davidischem Geschlecht. Jesus wird bei allen Evangelisten und in den Paulusbriefen als „Sohn Davids" bezeichnet, er ist somit von Josef gezeugt – bei Matthäus und Lukas jedoch vom Heiligen Geist. Mariä „Verkündigung": *Der Engel antwortete ihr: Der Heilige Geist wird über dich kommen.*[29] Die Vaterschaftsfrage Josef oder Heiliger Geist wird durch des Engels Verkündigung noch bizarrer, das Kind werde *Sohn des Höchsten genannt werden, und Gott, der Herr, wird ihm den Thron seines Vaters David geben.*[30] Eine Erklärung könnte nur die theologisch unhaltbare Vermutung sein, dass auch der Heilige Geist ein Sohn Davids ist. – Natürlich waren die Evangelisten bestrebt, durch die Aufnahme Jesu in das Geschlecht Davids größere Akzeptanz seines Wirkens in der jüdischen Umwelt zu sichern.

Bei Markus, Matthäus und Lukas, den „Synoptikern", taufte Jesus nicht, bei Johannes taufte er. – Die historische Glaubwürdigkeit der Berichte über den Prozess Jesu ist äu-

29 Lk 1,35.

30 Lk 1,32.

ßerst umstritten. Sie enthalten sehr viele juristische, chronologische und andere Widersprüche. Höchst bemerkenswert ist, dass Lukas und Johannes in ihren Texten besonderen Wert darauf legen, die Schuld an Jesu Verurteilung von der römischen Besatzungsmacht abzuziehen und die „Juden" dafür verantwortlich zu machen. Es wird nie vergessen werden, wie viele unschuldige Menschenleben durch diese religiöse Geschichtsprägung leiden und sterben mussten.

Die Erzählungen vom leeren Grab in den Kapiteln Markus 16, Matthäus 28, Lukas 24, Johannes 20 sind von mythischer Legendenhaftigkeit. Bei den Synoptikern betreten das Grab zuerst die „Frauen" (in den Texten zum Teil nicht jeweils die gleichen), im Johannesevangelium Petrus und der Jünger, *den Jesus liebte*. Die Nachricht von Jesu Auferstehung teilt mit: bei Markus *ein junger Mann mit einem weißen Gewand*, bei Matthäus *ein Engel des Herrn (...) sein Gewand war weiß wie Schnee*, bei Lukas *zwei Männer in leuchtenden Gewändern*, bei Johannes sagt es der nach den Jüngern das Grab betretenden Maria von Magdala der plötzlich auftauchende Jesus selbst: *(...) sie wandte sich um und sieht Jesus stehen und weiß nicht, daß es Jesus ist.*

Von ähnlicher literarischer Märchenhaftigkeit sind auch die Berichte über die Erscheinungen des auferstandenen Jesus. Bei Matthäus und Lukas sind es zwei Erscheinungen, allerdings mit Differenzen bei den Ortsangaben, bei Johannes vier an teils wieder anderen Orten. Auch Paulus berichtet an die Korinther von Erscheinungen, sogar von sechs, eine davon vor *mehr als fünfhundert Brüdern auf einmal*.[31] Die Frage

31 1. Kor 15,5-8.

drängt sich auf, warum keiner der Evangelisten diese verkündungstechnisch kostbare Information aufgenommen hat.

Betreibe ich hier theologische Erbsenzählerei? Nein. Dies ist kein Heraussuchen von Details im „Wort des lebendigen Gottes", diese Stellen sind entscheidende Belege für die Auferstehung des Gottessohnes Jesus Christus – und der Glaube daran ist das Fundament der christlichen Religion. *Ist aber Christus nicht auferweckt worden, dann ist unsere Verkündigung leer und euer Glaube sinnlos.*[32]

Unglaubwürdiges

Zu den heute auch bei größter Offenheit für Esoterik nicht mehr verstehbaren Unglaubwürdigkeiten der christlichen Religion zählt der Glaube an Wunder und an die Jungfräulichkeit von Jesu Mutter. Die Tatsache, dass beide Absurditäten aus dem Geist einer Zeit der Wundergläubigkeit stammen, darf nicht dazu führen, noch heute an sie mit Selbstverständlichkeit und Inbrunst zu glauben und dies Menschen abzuverlangen: *Auch die Wunder Jesu erweisen, daß das Reich schon auf Erden angekommen ist. „Wenn ich durch den Finger Gottes die Dämonen austreibe, ist wahrlich das Reich Gottes schon zu euch gekommen" (Lk 11,20; vgl. Mt 12,28).*[33]

Der Glaube an die „Mutter Gottes", die „Heilige Jungfrau", ist auf der ganzen Welt ein wunderschöner Volks-

32 1. Kor 15,14.

33 II. Vatikanisches Konzil, *Dogmatische Konstitution über die Kirche LUMEN GENTIUM*, Rom 1964, Ziffer 5. Zitiert nach: http://www.vatican.va/archive/hist_councils/ii_vatican_council/documents/vat-ii_const_19641121_lumen-gentium_ge.html.

brauch geworden, dem mit Achtung zu begegnen ist. Diesen Glauben aber als Dogma zur verbindlichen Lehre einer Religion emporzuheiligen, ist – nicht nur für mich – ein entbehrliches Relikt aus ziemlich lange vergangenen Zeiten. Katechismus der katholischen Kirche, Nr. 510: *Maria „ist Jungfrau geblieben, als sie ihren Sohn empfing, Jungfrau, als sie ihn gebar, Jungfrau, als sie ihn trug, Jungfrau, als sie ihn an ihrer Brust nährte. Allzeit Jungfrau" (Augustinus, serm. 186, 1).*

Der Jesus der Bibel spricht öfter von der „Hölle", dem Ort des „unauslöschlichen Feuers". Joseph Ratzinger in seinem Buch *Eucharistie: So dunkel das Geheimnis auch ist, die Lehre von der Hölle steht, biblisch gesehen, „auf festem Grund".* – Katechismus der katholischen Kirche, Nr. 1035: *Die Lehre der Kirche sagt, dass es eine Hölle gibt und dass sie ewig dauert.* – Nr. 1037: *Niemand wird von Gott dazu vorherbestimmt, in die Hölle zu kommen; nur eine freiwillige Abkehr von Gott (eine Todsünde), in der man bis zum Ende verharrt, führt dazu.*

Der Katechismus (1992) ist die *sichere Norm für die Lehre des Glaubens* (Johannes Paul II.). Er ist voll mit Sätzen ähnlicher Art. An seiner Gestaltung war *als entscheidender Mitarbeiter*[34] auch der jetzige Kardinal Christoph Schönborn beteiligt. Die Frage sei gestellt: Wie weit darf ein Glaube in die Sphären der Irrationalität dringen, um nicht die allerletzte Beziehung zur Wirklichkeit zu verlieren?

34 www.kathpedia.com.

Übernahme aus älteren Schriften

In den Evangelien findet sich ein gewaltiger Anteil an Zitaten aus dem Alten Testament, der Heiligen Schrift der jüdischen Religion, und auch aus Qumranschriften. Hervorgehoben aus dieser großen Zahl seien einige, die für die „Originalität" der Evangelien nicht unbedenklich erscheinen.

Gottes Sohn. Altes Testament, Jesaja 42,1: *Seht, das ist mein Knecht, den ich stütze; das ist mein Erwählter, an ihm finde ich Gefallen. Ich habe meinen Geist auf ihn gelegt, er bringt den Völkern* [Lutherübersetzung: *den Heiden*] *das Recht.* 53,12: *(…) Denn er trug die Sünden von vielen und trat für die Schuldigen ein.* – Neues Testament, Markus 2,10: *Ihr sollt aber erkennen, dass der Menschensohn die Vollmacht hat, hier auf der Erde Sünden zu vergeben. (…)* – Jesu Erscheinen und Tun – ein Produkt des alten Propheten Jesaja?

Seligpreisungen. Von den schönen ethischen Gedanken der neun Seligpreisungen (Mt 5) finden sich sieben in den Psalmen sowie bei Jesaja und Sacharja. Auch in den Qumranschriften sind „Seligpreisungen" erhalten.

Vaterunser. Mit Ausnahme der Bitte um das tägliche Brot sind alle Gebetsinhalte schon von den Essenern in ihren Qumran-Schriften aufgezeichnet. Der Matthäus-Jesus verwendet bei gleichem Inhalt andere Formulierungen, zum Beispiel: *Und erlass uns unsere Schulden, wie auch wir sie unseren Schuldnern erlassen haben.* – Qumran, „Gemeinderegel": *Nicht will ich jemandem seine böse Tat vergelten (…)*[35] – Die Qumranschriften sind vor 68 n. Chr. verfasst, das Matthäusevangelium ent-

35 1 QS X,17.

stand in den 80er-Jahren. Haben Jesus – der nicht lesen konnte – oder Matthäus sie gekannt?

Kreuzigung und Jesu letzte Worte. Bei der Schilderung der Kreuzigung beriefen sich die Synoptiker auf eine Reihe von Worten aus den Psalmen, ebenso bei der Angabe der letzten Worte Jesu. Markus und Matthäus: *Mein Gott, mein Gott, warum hast du mich verlassen?* beziehen die Evangelisten wörtlich aus Psalm 22,2. – Lukas: *Vater, in deine Hände lege ich meinen Geist.* Psalm 31,6: *In deine Hände lege ich voll Vertrauen meinen Geist; du hast mich erlöst, Herr, du treuer Gott.* – Das *Es ist vollbracht* bei Johannes findet sich im Alten Testament nicht.

Weitere Auffälligkeiten

Für die Beurteilung der Evangelien als Glaubensbasis sind noch einige Punkte festzuhalten, die in besonderem Maße auffallen.

Bergpredigt. Dieses wichtigste Dokument für Jesu Lehre erscheint als geschlossene Rede nur bei Matthäus. Damit fehlt sie auch im Markusevangelium, dem am frühesten geschriebenen. Bei Lukas finden sich 30 Verse mit Inhalten aus den drei umfangreichen Kapiteln der Predigt im Matthäusevangelium. Das als radikal neu angesehene Jesu-Gebot der Feindesliebe zeichnen somit nur Matthäus und Lukas auf.

Nächstenliebe. Das Gebot der Nächstenliebe wird meist als die Mitte der Botschaft Jesu betrachtet. Das Gebot stammt von Moses[36], und Jesus zitiert es: *Ihr habt gehört, dass gesagt worden ist: Du sollst deinen Nächsten lieben und deinen Feind hassen.*[37] Das „hassen“ steht bei Moses (und im ganzen Alten Testament) nicht, dafür fügt er markig an: *Ich bin der Herr.* Der Matthäusevangelist lässt Jesus das „hassen“ sagen als Anstoß für seine religiöse Innovation der Feindesliebe: *Ich aber sage euch: Liebt eure Feinde und betet für die, die euch verfolgen.*

Stiftung der Kirche. Der Vers, aus dem die christliche Kirche ihre Legitimation bezieht, von Jesus Christus gestiftet worden zu sein, ist nur im Matthäusevangelium verankert: *(…) Ich aber sage dir: Du bist Petrus, und auf diesen Felsen will ich meine Kirche bauen (…).*[38] „Kirche“ steht in der Einheitsübersetzung, in der Lutherübersetzung 1984 heißt es *„meine Gemeinde“*[39]. Dieser bedeutungsschwere Satz erscheint nicht bei Markus, Lukas und Johannes.

Himmelfahrt. Sie wird von Markus (16,19), Lukas (24,51) und in der Apostelgeschichte berichtet. Allerdings: Der Vers bei Markus steht im Abschnitt 16,9-20, und diese Verse finden sich nicht bei den ältesten Textzeugen. Sie wurden im 2. Jahrhundert dem Evangelium angefügt und gelten als „kanonischer Schluss“. Die Worte *und wurde zum Himmel emporgehoben* bei Lukas fehlen bei einigen alten Textzeugen.

36 3. Mo 19,18.

37 Mt 5,43.

38 Mt 16,18.

39 Hinweis in der katholischen Jerusalemer Bibel: Das hebräische Wort *gahal* wurde ins Griechische mit *ekklesía* übersetzt und bedeutet „Versammlung“.

Paulus. In allen Evangelien kommt der Name Paulus oder auch Saulus nicht vor. Seine Briefe sind zwischen 50 und 60 n. Chr. geschrieben, er starb vermutlich gegen Ende der 60er-Jahre, also vor der Abfassung des Markusevangeliums. Dass die Evangelisten diesen für die christliche Theologie und die Verbreitung der Religion primär entscheidenden Mann in ihren Schriften nicht erwähnen, ist höchst seltsam. Dass sie nichts von ihm gewusst haben sollen, erscheint unwahrscheinlich.

Prophezeiungen. In den Evangelien finden sich Prophezeiungen Jesu, die später Berichtetes voraussagen. (Die Theologen nennen dies *Vaticinium ex eventu*.) Bei den Synoptikern zum Beispiel: *(…) der Menschensohn müsse vieles erleiden und von den Ältesten, den Hohenpriestern und den Schriftgelehrten verworfen werden; er werde getötet, aber nach drei Tagen werde er auferstehen.* – Jesus beim Abendmahl: *Amen, ich sage euch: Einer von euch wird mich verraten und ausliefern, einer von denen, die zusammen mit mir essen. Da wurden sie traurig und einer nach dem andern fragte ihn: Doch nicht etwa ich? Er sagte zu ihnen: Einer von euch Zwölf, der mit mir aus derselben Schüssel isst. Der Menschensohn muss zwar seinen Weg gehen, wie die Schrift über ihn sagt. Doch weh dem Menschen, durch den der Menschensohn verraten wird.* – Bei Matthäus: *Da fragte Judas, der ihn verriet: Bin ich es etwa, Rabbi? Jesus sagte zu ihm: Du sagst es.* – Auf dem Ölberg: *Aber nach meiner Auferstehung werde ich euch nach Galiläa vorausgehen.* – Jesus zu Petrus: *Heute, ehe der Hahn zweimal kräht, wirst du mich dreimal verleugnen.* – Bei der Verhaftung: *Doch einer von den Begleitern Jesu zog sein Schwert, schlug auf den Diener des Hohenpriesters ein und hieb ihm ein Ohr ab. Da sagte Jesus zu ihm: Steck dein Schwert in die Scheide; (…) Oder* *glaubst du nicht, mein Vater würde mir sogleich mehr als zwölf Legionen Engel schicken, wenn ich ihn darum bitte? Wie würde dann aber die Schrift erfüllt, nach der es so geschehen muss?*[40]

Vor allem eine Stelle bei Johannes zwingt zu beklemmenden Gedanken: *Da ging auch der andere Jünger, der zuerst an das Grab gekommen war, hinein; er sah und glaubte. Denn sie wussten noch nicht aus der Schrift, dass er von den Toten auferstehen musste.*[41]

Auferstehen *musste*? Jesu Auferstehung als Wahrwerden alttestamentarischer Prophezeiungen? Und weiter gedacht: Haben also Prophezeiungen alter Propheten den *Inhalt* der Darstellung von Ereignissen, die im Neuen Testament dann als wirklich geschehen geschildert werden, *vorgezeichnet*? – Ich habe von theologischer Seite zu dieser Frage bisher noch keine auch nur einigermaßen überzeugende Antwort gelesen oder gehört. Häufig wird von Gläubigen erwidert: „Dies liegt auf der Ebene des Glaubens – und dies ist eine andere Ebene" – aber das ist keine Antwort, sondern deren Verwehren in Form einer Flucht ins Irrationale. Das Thema „Glaube" wird hier noch untersucht werden.

Charles Darwin schreibt über die Evangelien in seiner Autobiografie: *Sie* [die Evangelien] *unterscheiden sich in vielen wichtigen Dingen, viel zu wichtigen, wie mir scheint, um als übliche Ungenauigkeit von Augenzeugen anerkannt zu werden. (...) Durch solche Betrachtungen (...) kam ich nach und nach dazu, das* Christentum *nicht als göttliche Offenbarung anzusehen.*

40 Mt 26,51-54.

41 Joh 20,8.

Kosmologische, philosophische und ethische Einwände

Nach dieser Dokumentation von Beispielen aus der Reihe gewaltiger Ungereimtheiten in den Evangelien wenden wir uns grundsätzlichen kosmologischen, philosophischen und ethischen Einwänden gegen die christlichen Glaubensstrukturen zu – Einwänden, die einem Menschen im 21. Jahrhundert den Weg zum Christentum erschweren, wenn nicht unmöglich machen.

Schöpfung – Evolution. Auf die heute in Europa und Amerika verdeckt oder lautstark knisternde Debatte „Schöpfung oder Evolution" gehe ich hier nicht ein, weil dazu nur eines zu sagen ist: Die Argumentationskraft der *Evolutionstheorie* überragt die der Schöpfungsmythen entscheidend. Die christliche Theologie versucht mit Eifer, die beiden Thesen *Schöpfung durch Gott* und *Evolution ohne Gott* zu fusionieren. Man hört jetzt auch schon das verzweifelte Argument, die katholische Kirche sehe die Evolution gewissermaßen als Gottes Werkzeug, mit dem er die Schöpfung bewirkt. Nein – ein durch unzählige Beweise belegtes Faktum harmonisieren zu wollen mit einer religiösen Imagination, die sich auf nicht mehr als Tradition berufen kann, erscheint mir ebenso illusorisch wie die Vorstellung, der Erzengel Gabriel steuere einen Jumbo.

Feindesliebe. Eine psychologisch unrealistische Überforderung, die moralisch kontraproduktiv wirkt. Ich bezweifle, dass jenes damals revolutionäre Gebot *Wenn dich jemand auf deine rechte Backe schlägt, dem biete die andere auch dar*[42] und die Idee der Feindesliebe die Qualität menschlichen Zusammen-

42 Mt 5,39.

lebens verbessert haben. Diese Gebote haben sich vielleicht im privaten Bereich vernünftiger und beherrschter Menschen ausgewirkt; Fortschritte in der politischen Menschheitsgeschichte sind aber auf Verbesserungen durch andere, meist säkulare Errungenschaften zurückzuführen. Zur Feindesliebe schreibt der österreichische Philosoph Gerhard Streminger: *Wer kann denn schon die Feinde, die einen erniedrigt, entwürdigt, im Selbstwert verletzt haben, lieben? Derjenige, der von Menschen Unerreichbares fordert, erzeugt bloß Schuldgefühle und macht die Moral zu einem Phantasiegebilde anstatt zu etwas, dessen Befolgung die Menschen ernsthaft anstreben und voneinander verlangen können.*[43]

Moral. Katechismus der katholischen Kirche, Nr. 1950: *Das sittliche Gesetz ist Werk der göttlichen Weisheit.* – Nr. 1960: *(…) Das sittliche Naturgesetz verschafft dem offenbarten Gesetz und der Gnade eine Grundlage, die von Gott gelegt und dem Wirken des Heiligen Geistes angemessen ist.*

Diese Lehre, das „Sittengesetz“, also die ethischen *Normen* für das Zusammenleben in der Gesellschaft der Menschen als von Gott gegeben zu erklären, beruft sich auf zur Offenbarung gewordene Mythen. Das Sittengesetz aber von der imaginären Instanz alter Mythen geschaffen zu sehen, ist für mich unannehmbar. Der biblische Mythos lässt Mose berichten: *Der Herr übergab mir die beiden Steintafeln, die mit dem Gottesfinger beschrieben waren. Auf den Tafeln standen alle die Worte, die der Herr am Tag der Versammlung auf dem Berg mitten aus*

43 Gerhard Streminger: *Die Jesuanische Ethik,* in: Edgar Dahl (Hg.): DIE LEHRE DES UNHEILS, Hamburg 1993, S. 136.

dem Feuer zu euch [den Israeliten] *gesprochen hatte.*[44] Paulus zitiert dann in seinem Brief an die Hebräer den Propheten Jeremia mit den Worten: *Ich* [der Herr] *lege meine Gesetze in ihr* [der Israeliten] *Herz und schreibe sie in ihr Inneres (...)* (10,16). Das sittliche Gesetz, im Mythos auf die Steintafeln vom Sinai geschrieben, wurde im Christentum zum *Werk der göttlichen Weisheit,* erhielt auf diese Weise *mit Wirken des Heiligen Geistes* göttliche Autorität und stellt somit die höchste moralische Instanz dar.

Belegt mit einer Fülle von Fakten ist sich die Wissenschaft heute einig, dass *ethische Normen* in uns genetisch angelegt sind. Im Zuge der Evolution, vor allem der kulturellen Evolution, bildeten sich differenzierte Sozialisationsmodelle, die zu verschiedenen Zeitpunkten und an verschiedenen Orten auf unserem Planeten als *moralische Normen* Gestalt gewannen. Alle diese verschiedenen moralischen Regulative zeigen als gemeinsame Komponente den Grundsatz, bei allem überlebensnotwendigen Egoismus *dem Mitmenschen Unterstützung und Hilfe zu geben, wenn er es braucht.* Mit den Worten „Liebe deinen Nächsten" hat der Verfasser des dritten Moses-Buches diesem ethisch-moralischen Grundgedanken sprachliche Gestalt gegeben. Er weiß natürlich noch nicht, dass im Zuge der zweieinhalb Jahrtausende nach ihm entdeckten Evolution diese Maxime der Art Homo sapiens von Anfang an größere Überlebenschance geboten hat. So legt er, in einer Zeit antik-mythischer Weltsicht lebend, dieses ethische Zentralgebot seinem Gott in den Mund. Für die Kirche(n) hat diese Weltsicht sich seither nicht geändert. Verantwor-

44 5. Mo 9,10.

tung für menschliches Tun aber an die „göttliche Weisheit" zu delegieren, dies ist nicht nur Ausdruck metaphysisch dunkler Irrationalität, sondern schwächt das notwendige Mündigwerden des Menschen. Dazu wird die Erkenntnis zwingend nötig sein: Altruismus und Empathie[45] haben sich biologisch und kulturell evolutionär gebildet. Moral ist untrennbar verbunden mit Vernunft, und Vernunft ist, das Überleben fördernd, entstanden im differenzierten Gehirn des Homo sapiens, ausselektiert von der Evolution.

Die sittliche Problematik, die solche Zurückführung menschlicher Moral auf göttliche Weisheit verursacht, beschreibt treffend Ludwig Feuerbach. Er stellt fest, *dass im Christentum die Wahrheit der Tugend* ***nicht in ihr selbst,*** *sondern außer ihr liegt. (…) die guten Werke kommen bei ihm* [beim Menschen] *nicht aus den Gesinnungen der Tugend selbst. Nicht die Liebe selbst, nicht der Gegenstand der Liebe, der* ***Mensch, die Basis aller Moral,*** *ist die Triebfeder seiner guten Handlungen. Nein!, er tut Gutes nicht um des Guten, nicht um des Menschen, sondern um Gottes willen (…).*[46]

> Bertrand Russell: *Ich sage mit vollster Überlegung, dass die in ihren Kirchen organisierte christliche Religion der Hauptfeind des moralischen Fortschritts in der Welt war und ist.*[47]

45 Einfühlungsvermögen.

46 Feuerbach: *Christentum*, 21. Kapitel, Hervorhebungen im Original.

47 Bertrand Russell: *Warum ich kein Christ bin*, München 1963, S. 32.

Menschenbild des Christentums

Das christliche Menschenbild wird von dieser religiösen Welt- und Lebensanschauung geformt. Das Symbol des leidenden Gottes am Kreuz durchdringt das gesamte christlich-religiöse Denken und bestimmt damit das Bild des Menschen, eines Menschen, dessen Leib Gott wie ein Opfer dargebracht werden soll. Paulus, dieser charismatische Mann, ohne den die an den Gottessohn Jesus Christus glaubende Gemeinde eine innerjüdische Sekte geblieben wäre, schreibt an die Römer: *Ich ermahne euch nun, liebe Brüder, durch die Barmherzigkeit Gottes, dass ihr eure Leiber begebet zum Opfer, das da lebendig, heilig und Gott wohlgefällig sei, welches sei euer vernünftiger Gottesdienst.*[48] Das christliche Menschenbild ist zudem geprägt vom Glauben an einen kausalen Zusammenhang von Sünde und Tod. Paulus: *Denn der Lohn der Sünde ist der Tod, die Gabe Gottes aber ist das ewige Leben in Christus Jesus, unserem Herrn.*[49] Gerhard Szczesny schrieb schon 1958 in seinem heute vergriffenen Buch „Die Zukunft des Unglaubens": *Es geht dem Christen um die Überwindung, nicht um die Vervollkommnung des Menschen. Damit steht er im Widerspruch zu der humanistischen Auffassung, nach der die Aufgabe des Menschen in der unermüdlichen Anstrengung besteht, das Menschliche zu bewahren und zu fördern.*[50]

Für viele Menschen ist das Erschauern vor den unsäglichen Schmerzen, die der in der Wirtshausecke über ihnen hängende gequälte Mensch erleiden musste, der, wie sie lern-

48 Röm 12,1.

49 Röm 6,23.

50 Gerhard Szczesny: *Die Zukunft des Unglaubens. Zeitgemäße Betrachtungen eines Nichtchristen*, München 1958, S. 195.

ten, noch dazu der Gottessohn war, wohl auch Teil ihres von liebenswürdiger Naivität nicht freien Glaubens. Die christliche Folgerung, dieser Gott-Mensch habe mit seinem Leiden vor ungefähr 1.980–1.985 Jahren *uns* von *unseren* Leiden erlöst, und zwar für ewig, wird unter dem Kruzifix, unter dem täglich frische Blumen stehen, kaum mitvollzogen werden. Ich könnte mir vorstellen, dass der heute in den Fernsehnachrichten täglich gebotene Anblick von unschuldig leidenden Mit-Menschen uns mehr dazu veranlasst, über unser Woher und Wohin und Wozu nachzudenken als die Kreuze in den Schulstuben. Und, vor allem, sich bewusst zu werden, dass der Mensch unschuldig viel zu erleiden hat, er aber primär nicht zum Leiden geboren ist.

Wahrheitsanspruch

Der grundlegende Anspruch der monotheistischen Religionen, wahr zu sein, wird in den Aussagen fortschrittlicher Theologen zwar vorsichtig modifiziert, die dogmatischen Festlegungen zwingen jedoch, daran festzuhalten.

II. Vatikanisches Konzil, Dogmatische Konstitution DEI VERBUM: *Es ist von den Büchern der Schrift zu bekennen, dass sie sicher, getreu und ohne Irrtum (firmiter, fideliter et sine errore) die Wahrheit lehren, die Gott um unseres Heiles willen in Heiligen Schriften aufgezeichnet haben wollte.* – Katechismus der katholischen Kirche, Nr. 869: *Die Kirche ist unfehlbar in der Wahrheit gehalten.* – Bischof Wolfgang Huber: *Evangelisches Christsein orientiert sich an der Wahrheit, die Jesus Christus in Person ist.* – Koran, Sure 22,6: *Dies, weil Allah die Wahrheit ist (…).*

Es ist hier nicht daran zu erinnern, wie sehr ideologischer Wahrheitsanspruch zu Fundamentalismus mit all seinen grausigen Folgen führt. Man weiß, wie diese wahnhafte Maxime immer wieder blutige Seiten ins Buch der Geschichte schrieb und schreibt. Die Menschheit sollte allmählich die Behauptung, religiöse „Wahrheit“ zu besitzen, in ihren eigenen, irdischen Vernunft-Griff bekommen.

Ich orientiere mich an anderen Leitgedanken, eindrucksvoll ausgedrückt zum Beispiel von Konfuzius: *Es ist nicht die Wahrheit, die den Menschen groß macht, sondern der Mensch, der die Wahrheit groß macht.*[51] Oder von Hermann Hesse, der in seinen *Legenden* einem chinesischen Weisen die Worte in den Mund legt: *Es gibt die Wirklichkeit, ihr Knaben, und an der ist nicht zu rütteln. Wahrheiten aber, nämlich in Worten ausgedrückte Meinungen über das Wirkliche, gibt es viele.*

„Außerhalb der Kirche kein Heil“. Dieser Satz steht in Anführungszeichen als Abschnittsüberschrift im Katechismus der katholischen Kirche.[52] Zugrunde liegen Konzilsbeschlüsse, von denen auch der aus dem Jahr 1442 noch heute als unfehlbar gilt.

Konzil zu Florenz, 1442: *Die heilige römische Kirche, durch das Wort unseres Herrn und Erlösers gegründet, glaubt fest, bekennt und verkündet, daß niemand außerhalb der katholischen Kirche – weder Heide noch Jude noch Ungläubiger oder ein von der Einheit Getrennter – des ewigen Lebens teilhaftig wird, vielmehr dem ewigen Feuer verfällt (…).* – II. Vatikanisches Konzil, 1965: *Diese einzige wahre Religion, so glauben wir, ist verwirklicht in der*

---

51 Konfuzius.

52 Dort auf Seite 252.

katholischen, apostolischen Kirche, die von Jesus dem Herrn den Auftrag erhalten hat, sie unter allen Menschen zu verbreiten.[53]

Kurzkommentar: Man sollte den Kirchen heute nicht ihre Geschichte vorhalten, aber man muss ihnen vorwerfen, sich nicht endlich von ihrer religiösen Selbstherrlichkeit zu lösen. Solange sie dies nicht tun, bleiben Worte wie „Ökumenismus" heiliger Schaum.

Glaube und Vernunft

Das Verhältnis von Glaube und Vernunft wird heute heftig diskutiert. Die katholische Kirche, vom Papst bis zur Sonntagspredigt des Landpfarrers, bemüht sich mit allen theologischen Argumentationsfinessen, Vernunft und Glauben zu vermählen. Papst Benedikt XVI. wünscht, dass *Vernunft und Glaube auf neue Weise zueinanderfinden*[54], und am 30. Juni 2011 sagt er: *Der rechte Glaube leitet die Vernunft an, sich dem Göttlichen zu öffnen, um Gott unter der Führung der Liebe zur Wahrheit näher kennenzulernen.*[55] Es wird deutlich, wie versucht wird, die Lehre des für die Glaubensphilosophie eminent

53 *Erklärung über die Religionsfreiheit DIGNITATIS HUMANAE,* Vorwort. Zitiert nach: http://www.vatican.va/archive/hist_councils/ii_vatican_council/documents/vat-ii_decl_19651207_dignitatis-humanae_ge.html.

54 *Regensburger Rede,* 12. September 2006. Zitiert nach: http://www.vatican.va/holy_father/benedict_xvi/speeches/2006/september/documents/hf_ben-xvi_spe_20060912_university-regensburg_ge.html

55 Anlässlich der Verleihung des „Ratzinger-Preises" an einen Theologen. Zitiert nach: http://www.vatican.va/holy_father/benedict_xvi/speeches/2011/june/documents/hf_ben-xvi_spe_20110630_premio-ratzinger_ge.html

wichtigen Thomas von Aquin zeitgemäß zu modifizieren. Er schreibt zum Beispiel, es sei notwendig, dass *dem Menschen von Gott her auch das zu glauben aufgegeben wird, was die Vernunft übersteigt. – Vieles an meinem Glauben übersteigt die Vernunft, aber nichts daran widerspricht ihr.*

Dies würde zum einen bedeuten: Der Glaube enthält nur Vernünftiges, und zum anderen: „Vernunft" liegt auf zwei Ebenen. Es gäbe demnach zweierlei Vernunft, die „Vernunft" und die „Glaubensvernunft". Die Praxis zeigt das Problem auf: Das Apostolische Glaubensbekenntnis, das „Credo" ist selbstverständlich als Ganzes zu glauben, mit allen einzelnen Inhalten, nichts widerspricht der Vernunft, also ist alles vernünftig. Zu glauben ist an „Gott, den allmächtigen Vater, den Schöpfer des Himmels und der Erde, an Jesus Christus, seinen Sohn, unseren Herrn, empfangen durch den Heiligen Geist, geboren von der Jungfrau Maria, er sitzt zur Rechten Gottes" – bis hin zu einem Glauben an die „Vergebung der Sünden, Auferstehung der Toten und das ewige Leben". Ich selbst bekenne, dass ich an dies alles nicht glauben kann, denn dies würde meiner Vernunft „widersprechen". Der Gläubige muss das von ihm murmelnd zu Glaubende – Geglaubte? – „vernünftig" finden. Denn wenn er es nicht vernünftig fände, würde er seinen Glauben nicht korrekt bekennen, überdies könnte er sich auch genieren, so etwas Un-Vernünftiges zu glauben. Das Beispiel mag erhellen, welche Unkonkretheit und Unlogik dieser Begriff „Vernunft des Glaubens" mit sich bringt. Natürlich achte ich den an diese religiös dogmatisierten Legenden Glaubenden wie jeden anderen Menschen, bin aber unfähig, sein Credo-Murmeln mitzuvollziehen.

Das kirchliche Lehramt bemüht sich heute zunehmend, hochtheologisch formulierend, Glaube und Vernunft, fides et ratio zusammenzuzwingen. Kardinal Joseph Ratzinger: *Der Glaube zerstört die Vernunft nicht, er bewahrt sie und bleibt sich dadurch selbst treu.*[56] In der Enzyklika FIDES ET RATIO Johannes Pauls wird die Priorität des Glaubens vor der Vernunft deutlicher benannt:

> *Der grundlegende Einklang von philosophischer Erkenntnis und Erkenntnis des Glaubens wird noch einmal bekräftigt: der Glaube verlangt, dass sein Gegenstand mit Hilfe der Vernunft verstanden wird; die Vernunft gibt auf dem Höhepunkt ihrer Suche das, was der Glaube vorlegt, als notwendig zu.*[57]

Also: Die Vernunft wird geknebelt und sagt auch zu allem Unvernünftigen im Glauben Ja, weil sie es „als notwendig" zuzugeben *hat*. Ein fatales Zeichen von geistlicher Selbstherrlichkeit.

Pikant übrigens, dass in dieser Frage die protestantische Kirche anscheinend anderer Meinung ist als die katholische. Der evangelische Theologieprofessor Michael Meyer-Blanck schreibt: *Charakteristisch für den Protestantismus ist weder der Glaube an die Vernunft noch die Absicherung des Glau-*

56 Kardinal Ratzinger bei der Vorstellung der *Enzyklika FIDES ET RATIO* am 15. Oktober 1998. Zitiert nach: http://www.mscperu.org/deutsch/vernunft_glauben/fides_ratio_kommentar.htm.

57 Papst Johannes Paul II.: *Enzyklika FIDES ET RATIO*, 14. September 1998. Zitiert nach: http://www.vatican.va/holy_father/john_paul_ii/encyclicals/documents/hf_jp-ii_enc_15101998_fides-et-ratio_ge.html.

bens gegen die Vernunft, sondern die spannungsvolle Unterscheidung von Glaube und Vernunft.[58]

Um nicht lange zu theologisieren: Glaube und Vernunft – mir liegt die Überzeugung von John Locke weitaus näher als das Ansiedeln des Geistes auf hypothetischen Ebenen: *(...) Deshalb kann kein Satz für eine göttliche Offenbarung gelten und die einer solchen gebührende Zustimmung erhalten, wenn er der klaren anschaulichen Erkenntniss widerspricht. (...) – (...) Denn den Aufschrei des Glaubens gegen die Vernunft kann man zum grossen Theile dem Widersinn zuschreiben, der beinah alle Religionen erfüllt, welche die Menschheit beherrschen und trennen. (...)*[59]

Die Meinung der katholischen Theologie ist unhaltbar. *Glaube ist kein Vermögen der Vernunft.* „Glaube" als *objektloser* Begriff, meine ich, ist ein Vermögen des persönlichen Gefühls. Vernunft kommt erst ins Spiel, wenn der Gefühlsäußerung „Ich glaube" Aussagen über *Inhalte* angefügt werden, Inhalte, die als „vernünftig", als deutbar, verstehbar, eben als „glaubbar" erscheinen.

Glaube und Wissen

Das Urproblem des Verhältnisses von Glauben einerseits und Wissen und Forschen andererseits zeigt sich schon in der Fra-

58 Vortrag gehalten auf der Generalversammlung des Centro Melantone: *Die Vernunft des Glaubens und der Glaube der Vernunft bei Joseph Ratzinger. Einsprüche aus evangelischer Sicht*, Rom 12. Mai 2008, S. 10. Herunterladbar von http://www.uni-bonn.de/~ute40c/vortraege.htm, Vortrag 6.

59 John Locke: *Versuch über den menschlichen Verstand*. In vier Büchern. Bd. 1, Viertes Buch, Kapitel 18: *Ueber Glauben und Vernunft, und ihre unterschiedenen Gebiete*, § 5 und § 11, Berlin 1872, S. 220, 227.

ge, ob Theologie eine Wissenschaft ist. Wie im Komplex Glaube und Vernunft versucht das Lehramt eine Harmonisierung beider Bereiche. Das führt dann zum Beispiel zu folgenden, für mich absolut untragbaren Sätzen in einer Instruktion für an Universitäten lehrende Theologen, die von Kardinal Ratzinger unterschrieben ist:

> *8. Da das Objekt der Theologie die Wahrheit, nämlich der lebendige Gott und sein in Jesus Christus geoffenbarter Heilsplan ist, muss der Theologe sein Glaubensleben vertiefen sowie wissenschaftliches Forschen und Gebet immer vereinen. (…)*
>
> *11. (…) Die der theologischen Forschung eigene Freiheit gilt innerhalb des Glaubens der Kirche. (…)*[60]

Dass die Theologen darauf beharren, ihre Disziplin sei eine Wissenschaft, ist aus naheliegenden, nicht zuletzt existenziellen Gründen durchaus verständlich. Aber schon die Wortbedeutung „Wissenschaft von Gott" enthüllt die Fragwürdigkeit. Wissenschaft arbeitet frei von Werten und Voraussetzungen. Ihr Forschungsprinzip ist Versuch und Irrtum. All dies trifft im Bereich der Theologie nur auf einige Teilgebiete zu. Die meisten Themen der theologischen Untersuchungen entziehen sich jeder Möglichkeit wissenschaftlicher Begründung. Theologie erfüllt die Grundforderung von Wissenschaft a priori nicht: methodische Neutralität.

Kennzeichnend für diese prekäre Situation war und ist der Umgang der Kirche mit der „historisch-kritischen Theo-

60 Kongregation für die Glaubenslehre: *Instruktion über die kirchliche Berufung des Theologen*, 24. Mai 1990. Zitiert nach: http://www.vatican.va/roman_curia/congregations/cfaith/documents/rc_con_cfaith_doc_19900524_theologian-vocation_ge.html.

logie". Als deren *wissenschaftliche* Ergebnisse mit Perspektiven des Glaubens in Konflikt zu treten drohten, wurde man vorsichtig und äußerte theologische Skepsis, Kritik und auch radikale Ablehnung. So sagt ein Theologe über diese Methode: *Die klaren Aussagen der Bibel* [sic] *stehen ihr vollkommen entgegen.* Auch der oberste Glaubenshüter der Katholiken, Papst Benedikt, warnt vor zu starker Einbeziehung ihrer Kompetenz in das tradierte Bibelverständnis und plädiert für eine *Synthese zwischen einer rational historischen und einer vom Glauben her geleiteten Auslegung,* die *beides in der richtigen Weise zueinander* bringt.[61]

Wieder der Versuch, objektiv Feststellbares mit nur subjektiv Gedeutetem verbal zusammenzutheoretisieren. Als lebenslang auf allen Ebenen gegen die das Denken verändernde Macht von Ideologien ankämpfend, äußerte ich in geselligen Diskussionen manchmal: „Auch Religion ist Ideologie". Fast immer entfachte ich mit diesem Satz entrüstete, meist geradezu leidenschaftliche Ablehnung. Norbert Hoerster charakterisiert die wahnhafte Ausrichtung von Ideologie treffend: *Eine Vorstellung oder Aussage ist dann „ideologisch", wenn das Subjekt der Vorstellung mit ihr den Anspruch rationaler Erkenntnis verbindet, die Vorstellung bei ihm in Wahrheit jedoch auf außerrationale Ursachen zurückgeht und diese Tatsache ihm selbst unbewusst ist."* [62]

61 Ratzinger: *Jesus von Nazareth.*

62 Norbert Hoerster: *Glaube und Vernunft,* München 1979.

Traditionalismus

Dass der christliche Traditionalismus untragbare Ausmaße erreicht, zeigt sich am starren Festhalten an Dogmen. Zum Beispiel hat das II. Vatikanische Konzil, als „Reform-Konzil" gepriesen, die „*Unfehlbarkeit*" heute total obsoleter Dokumente der Lehrverkündigung weitergeführt. Darunter befinden sich unter vielen anderen auch Lehrsätze, deren Inhalt ich stichwortartig, teils auch wörtlich wiedergeben möchte: Behauptungen der Wissenschaften können von der Kirche „verworfen" werden.[63] – Außerhalb der einen allgemeinen Kirche „wird keiner gerettet."[64] – Niemand außerhalb der katholischen Kirche wird des ewigen Lebens teilhaftig, vielmehr verfällt er „dem ewigen Feuer, das dem Teufel und seinen Engeln bereitet ist."[65] – „Es ist eine von Gott geoffenbarte Glaubenswahrheit, dass die unbefleckte, immer jungfräuliche Gottesmutter Maria mit Leib und Seele zur himmlischen Herrlichkeit aufgenommen wurde."[66] – Im Sakrament der Eucharistie sind „wahrhaft, wirklich und wesenhaft" Leib und Blut zugleich mit der Seele und Gottheit „und folglich der ganze Christus enthalten."[67] – „Die Kirche verurteilt diejenigen mit Ausschluss, die Ablässe für unnütz erklären oder die der Kirche das Recht absprechen, sie zu verleihen."[68] – „Wer sagt, Kleriker, die die heiligen Weihen empfangen ha-

63 Konzil Rom 1870, *Neuner-Roos*, RZ. 56.

64 Konzil Rom 1215, *Neuner-Roos*, RZ. 375.

65 Konzil Florenz 1438–1445, *Neuner-Roos*, RZ. 381.

66 Apostolische Konstitution von Pius XII., 1950, *Neuner-Roos*, RZ. 487.

67 Konzil Trient 1551, *Neuner-Roos*, RZ 577.

68 Konzil Trient 1563, *Neuner-Roos*, RZ 688.

ben, oder Ordensleute mit feierlichem Gelübde der Keuschheit könnten eine Ehe eingehen, (...) der sei ausgeschlossen."[69]

Es ist anzunehmen, dass weder das Gottesvolk noch viele Kleriker von dieser Vergangenheits-Nichtbewältigung wissen. Sicher ist der Grund für dieses Weiterschleppen alter Dogmen nicht ein Hinauszögern des Formalaktes einer Streichung, sondern die Scheu, eine als substanziell empfundene theologische Lehrmeinung zu eliminieren. Es ist fast tragisch, zu sehen, wie sich die Kirche immer weiter in diese Sackgasse hineinmanövriert und nicht imstande ist, sich von dieser selbstmörderischen geistigen Unbeweglichkeit zu lösen. Der auf Heraklit zurückgehende weise Gedanke „Alles fließt" wurde von geistigem Hochmut und religiösem sowie irdischem Machthunger verdrängt. Die Kirche fühlt sich für die Ewigkeit geschaffen, die als Endlosigkeit zu verstehen ist.

> *Die aber an Christus glauben, beschloss er* [der ewige Vater] *in der heiligen Kirche zusammenzurufen. Sie war schon seit dem Anfang der Welt vorausbedeutet; (...) und am Ende der Weltzeiten wird sie in Herrlichkeit vollendet werden. Dann werden (...) alle Gerechten von Adam an (...) in der allumfassenden Kirche beim Vater versammelt werden.*[70]

Die dunklen Punkte in der Geschichte des Christentums, heute schon genügend der Kirche vorgehalten, möchte ich hier nicht als Argument heranziehen. Auch nicht die Folgen ihrer verklemmten Sexualmoral. Aber als unverständlich und un-

69 Konzil Trient 1563, *Neuner-Roos*. RZ. 743.

70 II. Vatikanisches Konzil: *Dogmatische Konstitution über die Kirche LUMEN GENTIUM*, Rom 1964, 1. Kapitel, 2. Abschnitt. Zitiert nach: http://www.vatican.va/archive/hist_councils/ii_vatican_council/documents/vat-ii_const_19641121_lumen-gentium_ge.html

erträglich sei ihre Verbohrtheit angeprangert, menschenverachtende Stellen in der Bibel weiterhin drucken und als „Gottes Wort" in die Welt tragen zu lassen. Natürlich werden diese Verse im Zuge der in Gottesdiensten üblichen einseitig selektiven Zitatenauswahl verschwiegen, aber sie stehen wie seit eh und je in der „Heiligen Schrift". Im Alten Testament findet jeder Bibelleser viele, viele Dutzend solcher Scheußlichkeiten. Hier nur einige Zeitwörter, wie mit den Heiden und Gottlosen umzugehen ist: *ausstoßen, Schwert ausziehen, Füße baden in der Gottlosen Blut, verbrennen, verdammen, vergelten, verstoßen, vertilgen, vertreiben, verwüsten, Zähne zerschmettern, zerdreschen, zerschmettern* – und so weiter. Im Neuen Testament, der Frohen Botschaft, erscheint Derartiges zwar wesentlich seltener, aber das folgende zutiefst inhumane Jesuswort im Markusevangelium sollte im Interesse des Menschen Jesu doch nicht weiter Millionen von Lesern verunsichern: *Wer da glaubet und getauft wird, der wird selig werden; wer aber nicht glaubt, der wird verdammt werden.*[71]

Unter weiteren Punkten, die mir eine Annahme des christlichen Glaubens nicht ermöglichen, seien hier nur die bisher nicht erfolgte Revision der unwürdigen *Diskriminierung der Frau* oder das Festhalten an der unannehmbaren Vorstellung einer *Erbsünde* genannt: Angesichts der auf der Hand liegenden menschlichen und theologischen Unhaltbarkeit solcher Lehren bedarf es keiner weiteren Begründungen. Als Abschluss dieser Reihe ein Wort des heutigen Papstes:

> *Sinn, der selbst gemacht ist, ist im letzten kein Sinn. Sinn, das heißt der Boden, worauf unsere Existenz als ganze ste-*

71 Mk 16,16.

hen und leben kann, kann nicht gemacht, sondern nur empfangen werden.[72]

Nein. Ich bin überzeugt davon, dass „Sinn" nicht von einer „höheren" Instanz „empfangen" werden kann, die schweigt, deren Wille nur in imaginären Offenbarungen deutbar erscheint, Offenbarungen, die von Menschen geschrieben sind. Mir erscheint die Vorstellung biopsychisch arrogant, das Leben des Naturwesens Mensch habe unvergleichlich höheren *Sinn* (und Wert) als das Leben des Naturwesens Stubenfliege. Der Unterschied zwischen diesen beiden Naturwesen besteht darin, dass das dem Menschen verliehene Bewusstsein ihm die Neugier, den Drang und die Fähigkeit mitgab, in seinem „sinnlosen" Dasein durch Tun und Gestalten sich jenem befriedigenden Wert zu nähern, den er als *Sinn*, als Aufgabe, auch erfüllte Pflicht empfinden kann. Sinn gibt nicht ein von *außen* Empfangenes, sondern das selbst Getane. Sinn, empfangen von einer irrealen Autorität, könnte nur dann das Leben tragen, wenn der Glaube an diese jenseitige Kompetenz wie bei manchem Tiefgläubigen *selbst* zum „Sinn" geworden wäre – aber damit bewegten wir uns in einem Folgerungszirkel, der sich jedem von religiösem Vorverständnis unbelasteten Argument entzieht. Es kann heute nicht mehr möglich sein, Verantwortung für unser Leben und seine Gestaltung in entscheidendem Maß uns entzogen und in den Himmel hinauf verlagert zu sehen, wie religiöse Vorstellungen es lehren. Die Verantwortung für vernichtende Naturkatastrophen können wir Erdenbewohner dem Himmel nicht anlasten.

72 Joseph Ratzinger: *Einführung in das Christentum*, München 1977, S. 39.

Noch einmal: Glaube

Nun werden viele sagen: „Schön und gut, was da gesagt wird, aber ich stehe fest im Glauben, im Glauben meiner Väter." Dazu könnte man schweigen oder eine Frage aufwerfen: Was ist eigentlich „glauben"?

Hier sei zunächst an die Mehrdeutigkeit des Zeitworts „glauben" erinnert: „Ich glaube, *dass* ein Gewitter kommt." Und: „Ich glaube dir." Und: „Ich glaube *an* Gott." Der Unterschied zwischen a) „Ich glaube, dass ..." und b) „Ich glaube ... (Dativobjekt)" und c) „Ich glaube an ..." besteht dem allgemeinen Sprachgefühl nach darin, dass a) und b) eine genauere Präzisierung dessen erfordern, was oder wem das Subjekt glaubt, während c) verallgemeinernd nur ein kaum oder nicht bestimmbares Glaubensobjekt angibt: „Ich glaube an Gott." Das manchmal zu hörende „Ich glaube an die Musik" ist übrigens eine hohle Phrase, die mich als Musiker in ihrer pathetisch-vagen Bekenntnishaftigkeit fast zu ärgern pflegt. Eine Konkretisierung dagegen stellt beispielsweise folgende Aussage dar: „Ich glaube, dass Musik große Bedeutung für das Leben hat" – oder eben auch: „Ich glaube, dass Gott für das Leben vieler Menschen große Bedeutung hat."

Bei der Anwendung der Substantive „Glaube" oder „Glauben" wird sogar in Sprachwörterbüchern kaum ein Unterschied gemacht. Eine Anregung: Es könnte größere sprachliche Klarheit ergeben, wenn das Wort *Glaube* für den religiösen Glauben und *Glauben* – soweit grammatikalisch anwendbar – vorzugsweise für säkulares Dafürhalten stände. Es sollte deutlich erkennbar sein, dass religiöser Glaube dem konkret nicht fassbaren *Irrationalen*, der Glauben an das kommende Gewitter dem konkret *Rationalen* zugehört.

Immanuel Kant unterscheidet beim Für-wahr-Halten drei Stufen: Meinen, Glauben und Wissen. Dies bedeutet: *Ist das Fürwahrhalten nur subjektiv zureichend und wird zugleich für objektiv unzureichend gehalten, so heißt es Glauben.*[73] Also: Das Subjekt Ich hält etwas für wahr, was objektiv als „unzureichend" zu halten ist. Diese Definition des großen Philosophen hält die Polarität zwischen der Subjektivität des Glaubenden und der von den Religionen gebildeten Schein-Objektivität der Dogmen ihres Glaubens fest. Wie ist nun über diese Polarität hinwegzuglauben? Wahrscheinlich nur, wenn man religiösen Glauben als ein „Höheres" einstuft, als „Wunder" verehrt, als von Gott geschenkte „Gnade" hütet, und dies mit aller theologischen „vernünftigen" Überzeugtheit. So ist Glaube für den von der Kirche gerügten Theologen Hans Küng *nicht ein bloßes Fürwahrhalten von Sätzen, sondern ein Sicheinlassen des ganzen Menschen, und zwar nicht primär auf bestimmte Sätze, sondern auf die Wirklichkeit Gottes selbst.*[74]

Religiöser Glaube gründet sehr oft, wahrscheinlich sogar meistens, auf Prägung durch die Umwelt, durch das Elternhaus, durch die Erlebenswelt der Kindheit und Jugend, oder auch durch ein Erleuchtungserlebnis. Dies führt dann zu einer wie selbstverständlichen Annahme der schriftlich oder mündlich von der Religion verkündeten „wahren" Überzeugungen, ihrer Riten und Zeremonien. Dieses Annehmen beruht auf dem Gefühl eines persönlichen, eines grundsätzli-

73 Immanuel Kant: *Kritik der reinen Vernunft,* Originalausgabe B,S. 850, Ausgabe Hamburg 1993, S. 741.

74 Hans Küng: *Credo,* München 1995, S. 22.

chen *Vertrauens* in das Glaubensgut und in die Personen, die es vertreten. Solcher Glaube vermag *subjektiv* eine dem Leben Sinn gebende geistige Kraft bedeuten.

Unzählige Menschen suchen und finden bei der Bewältigung ihres Daseins Hilfe, Stütze, Tröstung in einer Religion, in der sie sich, wenn oft auch nur aus Gewohnheit, wie in einer geistlichen Heimat geborgen fühlen, einer Religion, deren Verkündigung sie unreflektiert glauben – einer Religion aber, deren dogmatisch festgefrorene Starrheit eine fortschreitende und sich erneuernde Entwicklung a priori nicht zulässt, die sich damit der Lebenswirklichkeit der Zeiten mit geistiger Unbeweglichkeit entfremdet, deren geheiligte Lehren nicht mehr als auf dem Boden der Wirklichkeit der Welt und des Lebens stehend empfunden werden können. Dies bedeutet, den Boden jeder Rationalität zu verlassen und sich aller *objektiven* Erkundung dogmatischer Wahrheitsgehalte zu entziehen.

Religiöse Leit- und Lehrsätze stellen in sprachliche Form gegossene *Objektivierungen* der Glaubenssubstanz dar – und hier, an unbewusst oder bewusst empfundener Unvereinbarkeit von glaubendem Vertrauen und rationalen Vorbehalten setzt jenes Unbehagen an, das Religionen und Kirchen heute begegnet und das umso mehr wächst, je unglaubwürdiger die Inhalte des Systems erscheinen. Dass Gläubige alle Widersprüchlichkeiten negieren oder verdrängen, sollte als Symptom für den Geisteszustand unserer Gesellschaft nicht übersehen werden. Nicht übersehen werden sollte auch, dass viele „Gläubige" ihr natürliches *Glaubens-Bedürfnis für den „Glauben" selbst halten.*

Mythen

Die Kirchen verkünden eine Religion, deren im Credo feierlich beschworener Glaube sich zum großen Teil auf Mythen gründet. Über den Grad der Verwandtschaft von Religion und Mythos und über die Frage, ob zwischen Religion und Mythos grundsätzliche Unterschiede überhaupt bestehen, soll hier nicht diskutiert werden. Jedenfalls sind die Analogien greifbar, nicht nur, weil beide von „existenziellen Grunderfahrungen"[75] ausgehen. Äußerst fragwürdig wird es aber, wenn die Religion Mythen als *offenbarte historische Fakten dogmatisiert* – das Christentum zum Beispiel die Mythen vom heiligen Geist, von der Gottessohnschaft eines palästinensischen Rabbi, von dessen Auferstehung und Himmelfahrt, von seiner die Menschheit zum Heil erlösenden Sendung durch Vater-Gott zu „unfehlbar wahren" Dogmen macht.

Die Auseinandersetzungen um Mythos oder Ent-Mythisierung haben in den christlichen Kirchen manchen theologischen Staub aufgewirbelt, aber am Ende blieb dieser auf den Dogmentruhen – vorläufig – wieder liegen. Das katholische Lehramt scheint sich heute gegen mythische Unterstellungen zu wehren. Ob so oder so, die Frage nach dem religiösen „Wahrheitsgehalt" bleibt auch hier ungelöst, denn auch Mythen sind aus dem Schattenhaften nicht heraufzuholen. Heute beginnt die Einsicht mündigen Menschen Probleme zu bereiten, dass bei der Legitimierung von Religionen eine prekäre Verwischung der Grenzen zwischen Mythos und Religion, Glauben und Wissen eintritt.

75 Hans Blumenberg, deutscher Philosoph (1920–1996).

Gläubigen Menschen ist religiöser Glaube ein verinnerlichtes, persönliches Gefühl, manchmal ein ganzes Leben tragend. Ein Gefühl vielleicht ähnlich der Liebe zu einem anderen Menschen. Ein gewagter Vergleich, in dem allerdings ein entscheidender Unterschied nicht übersehen werden sollte: Religiöser Glaube verehrt unbegreifbar Transzendentes, die Liebe gilt einem in leibhaftiger Wirklichkeit existierenden Menschen in Gestalt einer angebeteten Frau oder eines angebeteten Mannes – „anbeten“, welch wunderliche sprachliche Analogie!

Nach all diesen Reflexionen die persönliche Conclusio – ich selbst fühle mich nicht vom „Bazillus des Glaubens“ angesteckt, wie Nikolaus von Kues sagte[76]. Ein Glaube als Ergriffensein von irgendetwas Unbestimmtem ist mir zu diffus, die geforderte „Glaubensvernunft“ von meinem Vernunftbegriff zu weit entfernt, und Kernpunkte der Lehre, oben kritisch betrachtet, kann ich nicht glauben, es stehen mir zu viele Argumente von Vernunft und Verstand dagegen.

Hervorragende Männer des Geistes haben über das Phänomen Glaube nachgedacht. Nicht wenige hatten Schwierigkeiten mit seiner Abgehobenheit ins Irgendwo. Einige Beispiele:

> Spinoza: *Das Ziel der Philosophie ist einzig und allein die Wahrheit, das Ziel des Glaubens einzig und allein Gehorsam und Frömmigkeit.*[77]

76 http://www.religiosophie.de/?page_id=65

77 Spinoza: *Theologisch-politischer Traktat,* Kapitel 14, vorletzter Absatz. Im Original: „Philosophiae enim scopus nihil est, praeter veritatem: Fidei autem (…) nihil praeter obedientiam & pietatem“.

Feuerbach: *Der Glaube scheidet: das ist wahr, das falsch. (...) Der Glaube gibt dem Menschen ein besonderes* ***Ehr-*** *und* ***Selbstgefühl****. (...) Der Glaube ist wesentlich* ***bestimmter*** *Glaube. Gott* ***in dieser Bestimmtheit*** *nur ist der* ***wahre Gott****. (...) Der Glaube ist* ***seiner Natur nach unfrei, befangen*** *(...).*[78]

Nietzsche: *Angewöhnung geistiger Grundsätze ohne Gründe nennt man Glauben.*[79]

Der Philosoph Gerhard Streminger fügt diesem Zitat die Folgerung hinzu: *Denn gäbe es gute Gründe für die christliche Lehre, dann wüssten wir sie und brauchten sie nicht zu glauben.*[80]

Mark Twain: *Es gibt Leute, die den Schuljungen verlachen und ihn leichtfertig und oberflächlich nennen. Dabei war es ein Schuljunge, der gesagt hat: „Glaube ist, wenn man was glaubt und weiß, es ist nicht so."*

Spengler: *Es ist selten, dass ein Mensch weiß, was er eigentlich glaubt.*[81]

---

78 Feuerbach: *Christentum*, 27. Kapitel, Hervorhebungen im Original.

79 Friedrich Nietzsche: *Menschliches, Allzumenschliches*, Erster Band, Nr. 226, S. 350.

80 Gerhard Streminger: *Christlicher Glaube und kritische Vernunft*, in: *Aufklärung und Kritik* 1995, Sonderheft 1, S. 88 ff.

81 Oswalt Spengler: *Gedanken.*

Der Titel des sehr beachtenswerten Buches des Psychologen und Philosophen Franz Buggle lautet: *Denn sie wissen nicht, was sie glauben.*[82]

Gott – Glaubenskrise – Reformen?

Religionsumfragen zeigen, dass auch größte Zweifel an religiösen Thesen den Glauben an *Gott* nicht anzutasten vermögen. Die katholische Kirche dogmatisierte ihren Glauben an Gott vor fast 1.300 Jahren in der Kirchenversammlung zu Nizäa.[83] Vor 800 Jahren präzisierte sie Gottes Eigenschaften in Adjektiven: *Wir glauben fest und bekennen mit aufrichtigem Herzen, daß es nur einen, wahren, ewigen, unermeßlichen und unveränderbaren, unfaßbaren, allmächtigen und unaussprechlichen Gott gibt: den Vater, den Sohn und den Heiligen Geist. (...)*[84]

Der „progressive" Theologe Hans Küng sieht heute *jedes künftige Gottesverständnis vor folgendem Horizont: Keine naiv-anthropologische Vorstellung (...)* – also: Gott nicht als „über" der Welt wohnendes „höchstes Wesen". *Keine aufgeklärt-deistische Vorstellung (...)* – also: Gott nicht als ein „außerhalb" der Welt in einem außerweltlichen Jenseits wesendes, verobjektiviertes Gegenüber. *Sondern ein einheitliches Wirklichkeitsverständnis: Gott in dieser Welt und diese Welt in Gott. Gott nicht nur als Teil der Wirklichkeit ein (höchstes) Endliches neben Endlichem. Sondern das Unendliche im Endlichen, das Absolute im Relativen. Gott als die diesseitig-jenseitige transzendent-immanente*

82 Franz Buggle: *Denn sie wissen nicht, was sie glauben*, Hamburg/Reinbek 1992.

83 Siehe oben S. 16.

84 IV. Laterankonzil, Rom 1215, 1. Kapitel.

wirklichste Wirklichkeit im Herzen der Dinge, im Menschen und in der Menschheitsgeschichte.[85]

So weit, so bemüht, Unerklärbares in Menschensprache zu erklären. Für mein Verständnis ist das in den Beispielen oben nicht gelungen. Dies nährt den Verdacht, dass dies überhaupt nicht möglich ist, und es führt zur Frage, ob einem Unerklärbaren a priori ein „Sein" zugesprochen werden kann, ob es so etwas wie „Existenz" haben kann. Wie wäre die „Unaussprechlichkeit"[86] Gottes auszudrücken? Ich erlaube mir zu meinen: Gar nicht. Vieles, das in Worten nicht auszudrücken ist, lebt im großen Bereich der Kunst, und damit in einer Sphäre der Unausdrückbarkeit eines *konkret Hör- oder Sichtbaren.* Glaube an Gott aber wendet sich nicht an konkret Seiendes, sondern an Imaginäres, Irrationales, lediglich Behauptetes.

Die Fragen um Gott haben Theologen seit jeher dazu veranlasst, nach Beweisen zu suchen, die eindeutig belegen, dass Gott existiert. Diese Versuche reichen von der griechischen Philosophie bis in die Neuzeit. Noch keiner dieser scharfsinnigen Ansätze hat jene Schlüssigkeit mit sich gebracht, die als begründete Bestätigung der Existenz Gottes gelten kann. Jeder Beweisversuch entfachte Berge von kritischen Schriften. Ob es Gott gibt oder nicht gibt, dies bleibt – vielleicht für ewig – weder beweis- noch widerlegbar. Es gibt übrigens viele Stimmen, die feststellen, die Beweislast läge bei dem, der die Existenz von etwas behauptet, nicht bei dem, der dies leugnet.

85 Hans Küng: *Christ sein*, München 1974, S. 74.

86 Siehe Fußnote 84.

Die schöne Gewissheit, „auf Gott vertrauen" zu können, bedeutet, sein Leben, sein Tun, sein Denken, seinen Willen ganz in Gottes Hand zu legen. Um das Glück zu erlangen, die Pforte zum ewigen Leben durchschreiten zu dürfen, verspricht die Kirche, die dafür nötige Heilserlösung zu spenden – nach einem „guten" Leben dank untadeliger Einhaltung ihrer Glaubensregeln. Gottvertrauen drückt der Volksmund in Sprüchen aus wie etwa: *Gott kann alles Leid wenden in Fröhlichkeit. – Gott gibt Brei, sind die Zähne entzwei. – Gott lässt Böses zu, dass er dadurch Gutes tu.* Bei aller Achtung gläubiger Einfalt und rührender Naivität muss die damit verbundene Auslieferung seiner selbst an etwas nur Geglaubtes als nicht unbedenklich eingeschätzt werden. Schon Immanuel Kant nennt diese Bereitschaft zu Fremdbestimmung Unmündigkeit: *Unmündigkeit ist das Unvermögen, sich seines Verstandes ohne Leitung eines anderen zu bedienen.*[87]

Der Gott der Christen ist ein Gott der Liebe. *Gott ist die Liebe, und wer in der Liebe bleibt, bleibt in Gott und Gott bleibt in ihm.*[88] Dies zeichnete nach den vermenschlichten Göttern der Griechen und Römer und nach dem strengen Gesetzes-Gott der Juden ein neues Gottesbild, das die Menschen damals tief zu beeindrucken imstande war. Der Erfolg ließ politische Macht entstehen, die Kirche bediente sich ihrer mit profangeistlicher Virtuosität und brachte es fertig, mit dem theologischen Argument des apostolischen Missionsauftrags sogar in brutaler Intoleranz noch das Gebot der Liebe durchschimmern zu lassen. Die Liebe Gottes zu den Menschen drückt

87 Immanuel Kant: *Beantwortung der Frage: Was ist Aufklärung?*, in: Berlinische Monatsschrift, 12/1784, S. 481–494.

88 1. Joh 4,16.

sich im Christentum vor allem in der Verheißung existenzieller Hoffnung aus. Davon wird hier noch die Rede sein.

Schon früh hatte sich bei manch weitsichtigem Denker die Aufmerksamkeit der Frage zugewendet, wie eine als „gut" gedachte göttliche Macht zu menschlichem Leid stünde. Das Problem bohrte in theologischen und religionskritischen Köpfen weiter. Gottfried Wilhelm Leibniz griff es auf und schrieb die *Essais de théodicée sur la bonté de dieu, la liberté de l'homme et l'origine du mal.* Damit war der Begriff *Theodizee* geboren, im Deutschen als „Rechtfertigung Gottes" bezeichnet – Rechtfertigung des gütigen, weisen, barmherzigen, allmächtigen, liebenden Gottes vor dem Vorwurf, mit all seinen gepriesenen Eigenschaften die unendliche Fülle an schwerem Leid zuzulassen, das dem von ihm „nach seinem Bilde" geschaffenen Menschen auferlegt ist. Die heute anwachsende Zahl von christentumskritischen Publikationen rief eine Reihe von Schriften hervor, die das Ansehen Gottes zu verteidigen suchen. Deren Argumentationsrichtungen seien hier in einigen skizzenhaft komprimierten Beispielen angedeutet (Quellenangaben erfolgen nur in Ausnahmen).

> *Der HERR sprach zu dem Satan: Hast du Acht auf meinen Knecht Hiob gehabt? Denn es ist seinesgleichen auf Erden nicht, fromm und rechtschaffen, gottesfürchtig und meidet das Böse und hält noch fest an seiner Frömmigkeit; du aber hast mich bewogen, ihn ohne Grund zu verderben.* [89]

89 Hiob 2,3.

Er [Gott] *will, dass du zu schwach sein sollst, solche Not zu tragen und zu überwinden, auf dass du in ihm stark werden lernest und er in dir durch seine Stärke gepriesen werde.*[90]

„Wenn ein Unglück passiert, ist es allemal die Eigengesetzlichkeit dieser Schöpfung."

„Es gibt keine Lösung des Theodizee-Problems. Wir sind nicht berechtigt, Gott anzuklagen."

„Unbedingtes und restloses Vertrauen zu Gott, trotz Unfähigkeit, das Rätsel des Leids und des Bösen enträtseln zu können."

„Wenn wir leiden und angefochten sind, steht Gott uns bei."

„Gottes Allgüte ist mit menschlichen Begriffen nicht zu erfassen."

„Gott ist gut, aber nicht allmächtig."

„Durch die Kreuzigung Christi ist die Ohnmacht Gottes deutlich geworden."

„Nicht mehr ‚Wie kann Gott das Übel zulassen?', sondern ‚Wie kann der Mensch die eigene Endlichkeit aushalten und bestehen?'"

„Am besten scheint mir an diesem äußersten Punkt, bei dieser schwierigsten Frage, eine Theologie des Schweigens."[91]

90 Martin Luther: *Das schöne Confitemini an der Zahl der 118. Psalm* (1530), in: Kurt Aland (Hg.): LUTHER DEUTSCH – DIE WERKE MARTIN LUTHERS IN NEUER AUSWAHL FÜR DIE GEGENWART, IN 10 BÄNDEN UND EINEM REGISTERBAND, Berlin 1954, Bd. 7, S. 308 ff.

91 Küng: *Credo*, S. 123.

Also: Keine Antwort. Die Frage, wie unmenschliches irdisches Geschehen mit der Allmacht Gottes und seiner Liebe zum Menschen logisch, theo-logisch und ethisch zu vereinbaren ist, musste von Anfang an ohne Antwort bleiben, sie ist es noch heute und wird unbeantwortbar bleiben bis „zum Ende der Tage" – nicht nur unbeantwortbar, sondern unlösbar. Und sie bildet den tödlichen Stachel ins Herz des Glaubens an Gott.

Mit einem lieben Freund, Benediktiner, Universitätsprofessor, sprach ich einmal über das Problem der Theodizee. „Ein Krankenzimmer. Zwei Betten. In dem einen eine junge, schöne Frau. Ein reizendes Kind, ein guter, tüchtiger Mann, eine vorbildliche Ehe. Sie hat Krebs. Letztes Stadium, sie wird sterben. Sie betet: ‚Lieber Gott, lass mich nicht sterben – ich will leben, leben, für mein Kind, für meine Lieben!' Im anderen Bett eine alte Frau, geistig frisch, nicht mehr fähig zu gehen. Sie betet: ‚Lieber Gott, lass mich sterben, mein Leben hat keinen Sinn mehr, ich falle allen nur mehr zur Last – lass mich doch endlich sterben!' Am nächsten Tag ist das Bett der jungen Frau leer. Sie ist in der Nacht gestorben. Die alte Frau sitzt auf ihrem Bett und kaut appetitlos an einem Viertel der Morgensemmel. – Weißt du, lieber Freund, wenn ich so etwas sehe und an die Worte in dem Bibelspruch denke – ... *der Herr hat's genommen, der Name des Herrn sei gebenedeit*, dann kriege ich einen derartigen Zorn auf den lieben Gott, dass ich in seinem Interesse gar nicht an ihn glaube!" Mein Freund sagte leise, nach einer langen Pause: „Vielleicht hast du recht."

Zu respektieren ist die würdige Art, in der Benedikt XVI. am 28. Mai 2006 bei seinem Besuch in Auschwitz-Birkenau diese dunkle Frage ansprach. Er fand unter anderen die Worte: *Wir können in Gottes Geheimnis nicht hineinblicken – wir sehen nur Fragmente und vergreifen uns, wenn wir uns zum Richter über Gott und die Geschichte machen wollen. Dann würden wir nicht den Menschen verteidigen, sondern zu seiner Zerstörung beitragen. Nein – im letzten müssen wir bei dem demütigen, aber eindringlichen Schrei zu Gott bleiben: Wach auf! Vergiß dein Geschöpf Mensch nicht!*

Ich glaube nicht, dass es so etwas wie ein Wesen „Gott" gibt, schon gar nicht eine „Person" Gott. „Gott", wenn auch als noch so verschwommenen Begriff, sich als eine metaphysische Instanz vorzustellen, die uns und alles andere geschaffen hat, die über uns und unsere Moral wacht, uns belohnt oder bestraft, von dieser Vorstellung habe ich mich im Lauf meines Lebens immer weiter entfernt.

So nötig und wichtig es manchen erscheinen mag, dass eine vor Gott empfundene Verantwortung, oft auch Angst, die Menschen einigermaßen im Zaum hielt und hält, so erschreckend ist jedoch, wie solche Berufung auf diese geglaubte höhere Instanz sich immer wieder als ein Mechanismus herausstellte, der im Lauf der Geschichte Ungeheuerlichkeiten ermöglichte und provozierte. Die Zahl der Versuche, Kriege und andere Untaten durch Berufung auf Gott zu legitimieren, ist endlos. Nur ein Beispiel, geschehen an dem Tag, da die größte von Menschen verursachte Katastrophe losbrach. In seiner Proklamation an das deutsche Volk vom 22. Juni 1941, als der Russlandfeldzug begann, sagte Hitler: „Möge uns der Herrgott gerade in diesem Kampf helfen." Am gleichen Tag sagte Churchill im englischen Rundfunk: „Wir werden ihn [Hitler] bekämpfen zu Land, wir werden ihn bekämpfen zur See, und wir werden ihn in der Luft bekämpfen, bis wir mit

Gottes Hilfe die Welt von diesem Scheusal befreit und sein Joch von den Schultern der Völker genommen haben."

Gewiss stellen Berufungen auf Gott als Rechtfertigung und Begründung für menschliche Untaten keine Argumente contra Deum, sondern einen Missbrauch der geglaubten Letzt-Instanz Gott dar. Doch sieht der Fundamentalist es als eine höchst wirksame Waffe an, mithilfe der Autorität Gottes seine Ziele zu erkämpfen. Wohl spricht das nicht gegen Gott, wenn es ihn gäbe, sondern gegen den Menschen, „sein Geschöpf", das er liebt – und den er leider auch mit tödliche Verhängnisse auslösenden Fehlern ausgestattet hat. Siehe Ernst Topitsch: *Durch nichts ist der Mensch leichter zu beherrschen als durch seine Illusionsbedürftigkeit.*[92]

Ich respektiere die Vorstellung von einem Gottesbild, das Gott als Symbol für moralisch-ethische Gebote sieht, die das Leben der Menschen ordnen sollen. Für eine durch sittliche Normen geleitete Lebensführung benötige ich jedoch keinen Glauben an ein „*Unendliches im Endlichen*". Ich ahne, dass es etwas uns *Unbegreifbares* gibt: Unbegreifbar ist und wird bleiben der Kosmos und seine Entstehung, die Bildung der Evolution, das Phänomen des Bewusstseins, die Beziehung von Geist und Materie. Dieses Unbegreifbare, angesiedelt in einer metaphysischen Dimension, ist für mich aber nicht etwas, das als das „Höhere" mich leitet und führt, keine Macht, die ich anbete, die mich schützt, der ich vertraue, auf die ich hoffe, kein Gott, der richtet, belohnt und bestraft, an den man sich wendet, auf den man sich beruft, um eigenes Tun zu rechtfertigen. Ich sehe das unser soziales Leben regelnde menschliche Gewissen als ein kostbares Produkt der Evoluti-

92 Zitiert nach: Roland Baader: *totgedacht*, Gräfelfing 2002, S. 167.

on an, nicht als „Geschenk Gottes" an den von ihm geschaffenen Menschen. Für mich wird das Leben von einer unendlichen Kette von Kausalitäten, von Zufällen bestimmt, die sich zu dem Ergebnis „Schicksal" summieren. Eine solche, oft als materialistisch diskreditierte Welt- und Lebensanschauung schließt Staunen, Suchen und Fragen nicht aus, sondern ein.

Von den vielen kritischen Aussagen über die Gottesfrage hier zwei sehr bedenkenswerte:

> Lichtenberg: *Ist denn wohl unser Begriff von Gott etwas anderes als personifizierte Unbegreiflichkeit?*[93]
>
> Einstein: *Das Wort Gott ist für mich nichts als Ausdruck und Produkt menschlicher Schwächen, die Bibel eine Sammlung ehrwürdiger, aber doch reichlich primitiver Legenden. Keine noch so feinsinnige Auslegung kann etwas daran ändern.*[94]

Die auf ein spirituell-Transzendentes oder eine Religion hin ausgerichtete Gesinnung der Menschen in der sogenannten „westlichen" Welt zeigt heute größte Verschiedenheiten bis hin zur Unvereinbarkeit. Die Situation könnte schematisch etwa so skizziert werden:

- Menschen, die in variierenden Intensitätsgraden grundsätzlich an die christlichen Glaubensinhalte glauben.
- Menschen, die sich als „gläubige Christen" bezeichnen, auch wenn sie die Inhalte nur aus der Kinderbibel kennen.

93 Georg Christoph Lichtenberg: *Aphorismen – Über die Religion*, Hamburg 1967, S. 133.

94 Brief Albert Einsteins an Eric Gutkind.

- Menschen, welche die Inhalte ziemlich genau kennen, sie nicht anzunehmen vermögen, aber weiter an die Existenz Gottes glauben.
- Menschen, für deren geistige Haltung weder das Christentum oder eine andere Religion noch der Glaube an Gott Bedeutung hat.
- Agnostizismus hält alles Fragen um die Existenz eines „höheren" Wesens grundsätzlich für nicht beantwortbar. Agnostiker stehen dem Glauben an Gott meist kritisch gegenüber.
- Atheismus ist Nichtglauben an Gott.[95]

Selbstverständlich muss diese grobe Rasterung mit allen Differenzierungen der persönlichen Glaubens- oder Nichtglaubenshaltung gesehen werden. Statistische Versuche einer quantitativen Erfassung solcher Gruppierungsansätze sind deshalb mit äußerster Vorsicht heranzuziehen.

Zeichen einer quantitativen Verschiebung von den oberen hin zu den unteren Bereichen dieser Übersicht sind aber an den Fakten der gegenwärtigen Entwicklung überdeutlich ablesbar. Austritte aus den (westlichen) christlichen Kirchen und immer häufiger werdende medial-öffentliche Diskussionen über Religion und Gott zeigen, dass die Glaubenstreue ihre gewohnte Selbstverständlichkeit verliert wie bisher noch nie und stattdessen Fragen, Zweifel, Distanz und Ablehnung in denkenden Menschen auftreten. Auch in theologischen Kreisen werden „Glaubensferne", eine „Krise des Glaubens" diagnostiziert und beklagt. Gläubige und progressive Theo-

95 Agnostizismus und Atheismus sind allerdings in der Lebenspraxis begrifflich nicht trennscharf voneinander abzugrenzen.

logen protestieren gegen den starr-konservativen Kurs des Vatikans und rufen nach „Erneuerung“, „Reform“, „Aufbruch“, „Neuanfang“.

Die Rufer nach „Neubeginn“, integre christliche Idealisten, erwarten davon allerdings kaum anderes als kuriale Korrekturen einiger heute besonders hartnäckig kritisierter kirchlicher Bestimmungen, etwa die Diskriminierung wiederverheirateter Geschiedener, die Nichtzulassung von Laien zu priesterlichen Diensten, der Zwang zur Ehelosigkeit und ähnliche heute untragbar gewordene Vorschriften. Aber selbst wenn der eine oder andere dieser Punkte in den nächsten Jahrzehnten gelockert werden würde, änderte dies nichts am zentralen Grund für die heute erkennbare Distanzierung zur christlichen Glaubenswelt: *das Schwinden jener Überzeugungskraft ihrer Glaubensinhalte,* die zu gläubiger Hingabe führt. Ohne diese auch rational abgestützte Komponente bedeutete Glauben nicht mehr als nebuloses Fühlen. Auch der Satz von Thomas von Aquin *Die Wahrheit des Glaubens übersteigt alle menschliche Vernunft*[96] siedelt Glauben in jenem Reich subjektiven Fühlens an, in dem es den Begriff „Wahrheit“ nicht geben kann. Auch die manchmal zu hörende Anschauung „Der Glaube ist ein Wunder“ bleibt ein schöner privater Traum, aus dem wohl kaum „die Wahrheit des Glaubens“ abzuleiten ist.

Um die Grundfrage ist nicht herumzudiskutieren: *Wie weit erscheint die der christlichen Religion heute noch fast wie eh und je eingeräumte geistige, gesellschaftliche und politische Machtfülle legitimiert durch Schlüssigkeit, Glaub-Würdigkeit und ethische Wirksamkeit dieser zu glaubenden Inhalte?* Die Antwort auf

96 Thomas von Aquin: *Quaestiones quodlibetales,* 3,31.

diese Grundfrage wird umso negativer ausfallen, je mehr eine von Vorverständnis freie Beurteilung der oben verzeichneten elementar bedenklichen Punkte einbezogen wird. Und so wird man erkennen müssen, dass die Ursachen einer heutigen „Kirchenkrise" nicht nur im Handeln von fehlerhaften Menschen zu suchen sind, sondern vor allem im *Verlust des Vertrauens in das zu Glaubende*.

Nicht übersehen darf werden, dass dieses Glaubensdiminuendo in zwei Phasen verläuft: Da die meisten Menschen den dogmatisch streng geregelten Bau des Systems nur oberflächlich oder gar nicht kennen, wird das Unbehagen zunächst der irdisch institutionalisierten Religionskonstruktion *Kirche* angelastet. Erst danach wagt sich die entscheidende Frage nach der Annehmbarkeit dieses Glaubens im Ganzen in den Sinn.

Mit Bestürzung muss vermerkt werden, wie Kirchen und die meisten Gläubigen dieses Problem nicht sehen, es verschweigen, darüber hinweg- oder es schönreden, auch leugnen. Wie weit diese Reaktion auf das Bedürfnis zurückzuführen ist, den persönlichen Glauben nicht verlieren zu können oder zu wollen, oder schlicht und einfach auf den Trieb zur institutionellen Machterhaltung, diese Frage sei hier nicht gestellt. Ein Grund für diese Negierung ihres heutigen Zentralproblems ist jedoch darin zu suchen, dass die christlichen Kirchen sich selbst eingeschlossen haben in den Gesetzeskäfig ihrer eigenen vom „ewigen" Jesus Christus für die „Ewigkeit gestifteten" Institutionen. Hinzuzufügen ist, dass diese letztlich verhängnisvolle Überzeugung der Zeitlosigkeit ebenso für die meisten anderen Religionen, insbesondere für den Islam gilt.

Allerdings: Die Zeit, dies „sonderbar Ding[97]", verändert alles – welch banale Erkenntnis –, nach der Relativitätstheorie sogar sich selbst. Eine tragische Illusion muss die Erwartung bleiben, vor Jahrhunderten religiös Entstandenes, Erdachtes und Praktiziertes könne die geistige Frische und Aussagekraft der Ursprungszeit bis in unsere Gegenwart halten – bis in eine Zeit, in welcher mehr *gewusst* wird als je zuvor, eine Zeit, in der das unsichtbar-sichtbare unablässige Wirken des Treibrads *Evolution* im Gehirn des Menschen Änderungen seines sich selbst wahrnehmenden *Bewusstseins* erschuf, in eine Zeit, da Werte verblassen und Werte sich bilden, über deren *Wert* Uneinigkeit in der Welt herrscht, in eine Zeit, da der Mensch seinen Blick nicht mehr auf den Himmel, sondern auf sich selbst zu richten lernte – mit der dabei einhergehenden Gefahr der Selbstüberschätzung aber noch nicht umzugehen vermag. Eine Zeit, in der es um die humane Bewältigung der Einschätzung seiner selbst und seiner gewaltigen Möglichkeiten geht. Eine Zeit, in der das Landen einer Weltraumsonde auf dem Mars auf die Sekunde genau berechnet werden kann.

Vor über 50 Jahren schrieb Gerhard Szczesny: *Warum enthält die Lehre des Christentums nicht auch die Formel für eine Sinngebung unserer heutigen Kenntnisse und Erkenntnisse? (…) Warum vermag uns kein noch so guter Wille zum Sprung über jenen Abgrund zu bewegen, der das, was wir wissen, unüberbrückbar von dem trennt, was wir glauben sollen? Warum empfinden wir die*

---

97 Die Marschallin in *Der Rosenkavalier* von Strauss-Hofmannsthal, 1. Akt.

Überlieferungen der Bibel nur noch als fromme Legenden und Gesichte, deren Poesie uns berührt, aber doch nicht erleuchtet?[98]

In dieser „geistigen Situation der Zeit“ ist es undenkbar geworden, geistig ordnend leitende Steuerung, Autorität und Kompetenz von der alternden christlichen Religion zu erwarten. Dies gilt auch für die Forderung einiger christlicher Apologeten, das Christentum müsse außen und innen gefestigt und gestärkt werden, um einen mächtigen religiösen (und politischen?) Gegenpol zum expandierenden Islam bilden zu können.

Und es müsste heute klar gesehen werden, dass über jene von Szczesny als „Abgrund“ bezeichnete Kluft sehr viele Gläubige schlicht, bequem und treuherzig hinwegglauben.

Dieses Gedanken-Ping-Pong zwischen Glauben und Wissen, eigentlich: zwischen „zu glauben glauben“ und „zu wissen glauben“, führt in der Konsequenz wohl zu einem psychischen Zustand, der mit den Worten aus Goethes Faust beschrieben werden könnte: *Zwei Seelen wohnen, ach! in meiner Brust, die eine will sich von der andern trennen …*[99] Solche ungesunde *religiöse Identitäts-Spaltung* könnte auf die Dauer eine freie Entfaltung des menschlichen Selbst- und Weltverständnisses behindern, denn, genau besehen, handelt es sich dabei um ein dauerndes Belügen seines Ich.

Ob nun bei den heute aus den Kirchen Austretenden als Beweggrund die Aufdeckung von Missbrauchsfällen, die Kirchensteuer oder eben diese Entfremdung von der christlichen Botschaft anzusehen wäre, ist schwer einzuschätzen und kann hier nicht weiter untersucht werden. Es geht in die-

98 Szczesny: *Die Zukunft des Unglaubens*, S. 23.

99 Johann Wolfgang von Goethe: *Faust I*, Vers 1112 f.

ser Arbeit um die Tatsache, dass sich die Glaubensinhalte der christlichen Religion vom Weltbild unserer Zeit so weit entfernt haben wie noch nie in der Geschichte – und um die Frage, wie die Folgen dieser Entwicklung aussehen könnten, aus persönlicher Sicht auch aussehen sollten.

> Topitsch: *Die geistige Entwicklung scheint also nicht auf einen dramatischen Entscheidungskampf zwischen Gottestreuen und Atheisten, Gläubigen und Glaubensfeinden hinauszulaufen, sondern eher auf das langsame und stetige Verblassen einer Vorstellungswelt, die für Jahrtausende der Menschheitsgeschichte maßgebend war.*[100]

> Russell: *Religionen, wenn sie nicht von Zeit zu Zeit erneuert werden, altern wie Bäume. Das Christentum in der uns bekannten Form hat seine Zeit gehabt. Wir wollen eine neue Form, die in Übereinstimmung steht mit der Wissenschaft und dennoch für ein gutes Leben hilfreich ist.*[101]

Zwischenbemerkung: Der oft zu hörende Vorwurf an Kirchenkritiker, der Autor betreibe „selektive Zitatenauswahl", trifft nicht. Wenn die Auswahl von Zitaten aus der Bibel und lehramtlichen Dokumenten, welche heute als höchst problematisch angesehen werden müssen, als einseitig selektiv abgelehnt wird, warum ist dann die Auswahl von frommhumanen Bibelversen, wie sie zum Alltag der Glaubensverkündigung und theologischer Glaubensrechtfertigung gehören, keine „selektive Zitatenauswahl"? Warum zum Beispiel predigt der Pfarrer auf der Kanzel nur über den wunderbar

---

100 Ernst Topitsch: *Mythos Philosophie Politik – Zur Naturgeschichte der Illusion*, Freiburg/Breisgau 1969, S. 140.

101 http://www.unmoralische.de/zitate2/Russell.htm.

poetischen Psalmvers: *Du öffnest deine Hand und sättigst alles, was lebt, nach deinem Gefallen*[102], und nicht auch über jenen 4 Verse später: *Alle, die ihn lieben, behütet der Herr, doch alle Frevler vernichtet er* [Luther 1984: … *wird vertilgen alle Gottlosen*][103]? Betonen möchte ich, dass die hier angeführten Zitate jeweils die zentrale Aussage des Textes enthalten und keineswegs aus einem anderes ausdrückenden Zusammenhang gerissen sind.

Teil I der vorliegenden Schrift, *Vom Altern des Christentums,* versuchte, die heute so dramatisch gewordene Abwendung vom Christentum von der Glaubensstruktur her deutlich zu machen. Die dokumentarisch belegte Argumentation wies darauf hin, dass ein Festhalten an der erdrückenden Menge von nicht mehr annehmbaren Fundamentalismen bedenkliche Konsequenzen nach sich zöge: Die zwar schwindende, aber immer noch gewaltige Macht der Institution Kirche würde sich allen fruchtbaren Weiterentwicklungen des Welt- und Menschenbildes entgegenstemmen und damit eine geistig-kulturelle Evolution behindern. Die Geschichte zeigt, dass das Christentum zwar Erfahrung darin hat, sein stetes Verzögern von Entwicklungen des Denkens, Wissens und Könnens meist als gescheitert sehen zu müssen – doch die Erfahrung veranlasst die Kirche nicht, aus ihr zu lernen. Wie eine große Zahl ähnlich Denkender und Weiterdenkender halte ich es für geboten, mit Ernst und großer Sorge auf die *Gefahr einer geistigen Stagnation* hinzuweisen.

102 Ps 145,16.

103 Ps 145,20.

Als ein von der großartigen Kultur des Abendlandes Geprägter weiß ich sehr wohl um die weltgeschichtliche Bedeutung dieser Religion, von ethischen Großleistungen wie der Forderung nach *selbstloser* karitativer Wohltätigkeit, und nicht zuletzt bewundere ich die grandiosen künstlerischen Werke, die sie schaffen ließ.

Dies ist das *eine*. Über ein *anderes* soll im II. Teil dieses Buches nachgedacht werden.

II Vom Christentum zu humanistischer Religiosität

Es wird deutlich, dass zu Beginn des neuen Jahrtausends die Geistesgeschichte des Menschen sich einem neuen Abschnitt zubewegt. Der Dämon des Frühmenschen, die Götter der Antike, der eine Gott der monotheistischen Religionen haben ihre Macht verloren. Der Mensch weiß, dass der zerstörende Blitz nicht von einer bösen jenseitigen Macht gesendet wird, sondern ein physikalisch haargenau zu erklärendes Naturereignis ist, der Tsunami keine Strafe Gottes für die sündigen Menschen, sondern das Resultat eines Zusammentreffens von komplexen Kräften im Inneren des Planeten, der Krebstod nicht demütig als „Wille Gottes" erlitten werden muss, sondern mit allen Mitteln der modernen Onkologie zu behandeln und, mit hoffentlich wachsender Erfolgssicherheit, zu heilen ist. Doch immer noch ist das Verlangen wach, dem Himmel Opfer zu bringen, um Böses von sich abzuwenden. Natürlich darf nicht vergessen werden, welch unvergängliche Meisterwerke der Kunst wir diesem Antrieb zu verdanken haben, sich Gott wohlgefällig zu erweisen, ihm mit einem hohen Kirchturm näher zu sein oder ihm ein vielstimmiges „Halleluja" zu singen. Aber nun beginnt der Mensch die Sinnlosigkeit zu durchschauen, die himmlischen Mächte durch Opfer gnädig stimmen zu wollen, er wird gewahr, dass jene darauf nicht reagieren.

Die Schweigsamkeit der Götter bereitet den Menschen heute wachsendes Unbehagen. Es ruft Distanz zu stumm-unsichtbaren Welt- und Lebenslenkern hervor und führt zur Frage, ob etwas, das noch nie Antworten gab, als überhaupt existierend verstanden werden kann. Das Für-wahr-Halten der religiösen Verkündigung, dieses numinose Etwas existiere, *erschaffen im Glauben,* wird von Jahrzehnt zu Jahrzehnt schwieriger.

Wie unbeeindruckt von dieser Entwicklung setzen die Kirchen ihre rituelle Tradition des Lobens und Opferns auf festlich-theatralische Weise in ihren Gottesdiensten fort. So sehr diese geistlichen Feiern einen wertvollen Beitrag zur aktuellen Pflege von Kunst und Kultur darstellen, so wenig darf übersehen werden, dass die „heilige" Liturgie[104] dieser kirchlichen Zeremonien zu einem großen Teil aus Dank – *… dass du mich geschaffen hast, …dass du mich so wunderbar gestaltet hast*[105] – besteht, aus Preis, Lob, Gebet und Bitte, gerichtet an den „Herrn Jesus Christus" und „Gott, unseren Herrn", dass die Priester weniger vom Menschen in all seiner leiblichen und seelischen Ausgesetztheit als vielmehr von Gott und Jesus Christus in ihrer unendlichen Herrlichkeit sprechen.

104 Siehe die *Konstitution über die heilige Liturgie SACROSANCTUM CONCILIUM,* II. Vatikanisches Konzil, Rom 1963, z.B. Kap. I, 6. Abschnitt; Kap. II, 48. Abschnitt; Kap. V, 106. Abschnitt. Zitiert nach: http://www.vatican.va/archive/hist_councils/ii_vatican_council/documents/vat-ii_const_19631204_sacrosanctum-concilium_ge.html

105 Ps 139,14.

Christliche und islamische Kulthandlungen sind mächtige Demonstrationen der fundamentalen Abhängigkeit des Menschen von Gott. Ich komme um die harte Feststellung nicht herum: Diese Desavouierung des Menschen zu einer Gottesmarionette ist 2.000 Jahre nach Christus und 1.400 Jahre nach Mohammed nicht mehr erträglich. Hat der Mensch diese wahrhaft gigantischen, weltumspannenden schöpferischen Leistungen, Erfindungen und Gestaltungen, mit denen er sich sein kurzes Dasein in dieser Welt des Fressens und Gefressenwerdens einigermaßen erträglich machen konnte, nun wirklich nur dem transzendenten Baumeister, Künstler und Ingenieur namens Gott zu schulden? Nein, und davon bin ich fest überzeugt, hier handelt es sich nicht um ein von oben Geschenktes, für das man kniend danken muss, sondern um des Menschen eigenes Wissen, Planen und Können. Die Evolution hatte in ihm dieses geheimnisvolle Gedanken-Navigationssystem *Bewusstsein* erschaffen, und dies verlieh und verleiht ihm die Fähigkeit, bewusst zu erkennen: Ich bin ein Ich, und mein Selbst ist imstande, *zu wissen, zu planen und zu können*. Erich Fromm schreibt: *Wenn der Mensch weiß, dass er sich auf nichts verlassen kann außer auf seine eigenen Kräfte, dann wird er lernen, sie richtig zu gebrauchen.*

Ja, *unsere* Kräfte *richtig* zu gebrauchen, darum geht es heute. Doch: Was wäre heute „richtig“? Die Antwort auf diese Frage ist tausendfach gegeben: Gefahren, die das Miteinanderleben der Menschen erschweren oder unmöglich machen, erkennen und beseitigen. So weit, so wohlgemeint – und theoretisch. Differenzieren wir aber diese von allen erkannten Gefahren, die ein friedliches Zusammenleben bedrohen: Es gibt gegebene Fakten, ethnische, geografische Sachverhalte und biologisch bedingte Unterschiede innerhalb der Art homo sapiens. Und es gibt aus der Geschichte auf die Gegenwart gekommene Situationen und Problematiken welt- und lokalpolitischer, sozialer, wirtschaftlicher, personenbezogener Natur, die, unabhängig von primären Gegebenheiten vom Menschen verursacht sind. Eine Klärung oder gar Beseitigung dieser Gefahrenquellen übersteigt zwar in manchen Fällen die Grenzen praktischer Möglichkeiten, doch werden Sachlichkeit und Objektivität von Problemen immer wieder durch den Hang zur Doktrinisierung vereinseitigt, verfälscht, oft verzerrt, die Überzeugungen bis hin zum Fanatismus emotionalisiert – mit den aus der Geschichte genügsam bekannten katastrophalen Folgen. Die Gefahren, die friedliches Nebeneinander-, besser: Miteinanderleben gefährden, teilen sich somit in die Bereiche *nicht abwendbar* und *durch Vernunft, Einblick und Weitblick des Menschen abwendbar.* Aber solcher geistiger Souveränität stehen nicht nur objektive Sachzwänge, sondern, wie beschrieben, eben auch ideell verhärtete Konstrukte im Wege.

Wenn Religion nichts anderes ist als geheiligte transzendent-spirituelle Ideologie, muss die Frage gestellt werden: Zählt die Ideologie Religion wirklich zu den *existenziellen* Grundbedingungen menschlichen Daseins? Natürlich antwortet der Gläubige: Ja, unbedingt! Der Berliner Philosophieprofessor Volker Gerhardt antwortet mit dem kernigen Satz: *Gott ist (…) der Garant des Sinns, in dem sich unser Leben vollzieht.*[106] Dieses Diktum schreibt die Kraft zur Sinngebung

106 „Die Vernunft des Glaubens“ in *Christ in der Gegenwart* 50/2007. Zitiert nach: http://www.christ-in-der-gegenwart.de/archiv/artikel_detail_html?k_beitrag=1474197.

einem „X“, zu, dessen Existenz der Zuschreibende voraussetzt. Wieder einmal diese prekäre Argumentation mit Vorausgesetztem.

Weiter gefragt: Was schenkt der Glaube an Gott der „Seele“ des Gläubigen? Ein christliches Internetportal antwortet: „Die Freiheit der Kinder Gottes.“[107] Papst Benedikt spricht von der *Liebe, mit der Gott uns beschenkt und die von uns weitergegeben werden soll.*[108] Nach christlicher Auffassung schenkt Gott uns Liebe in Form von Hoffnung. Aber Hoffnung auf was? Papst Benedikt XVI. antwortet: *Diese große Hoffnung kann nur Gott sein, der das Ganze umfasst und der uns geben und schenken kann, was wir allein nicht vermögen. Gerade das Beschenktwerden gehört zur Hoffnung.*[109] Nach Benedikt also Hoffnung auf den „unfassbaren, unaussprechlichen“ Gott. Klarer drückt sich Jesus aus, wenn er verspricht: *Amen, amen, ich sage euch: Wer mein Wort hört und dem glaubt, der mich gesandt hat, hat das ewige Leben; er kommt nicht ins Gericht, sondern ist aus dem Tod ins Leben hinübergegangen.*[110]

Also ein Versprechen auf das ewige Leben. Dieser Begriff besteht nur aus Worten, denen nicht die geringste praktische Erfahrung oder Realität gegenübersteht. Der Gedanke

---

107 www.glaubenssache.net/taufe.

108 Papst Benedikt XVI.: *Enzyklika DEUS CARITAS EST*, Rom 2005, 1. Abschnitt. Zitiert nach: http://www.vatican.va/holy_father/benedict_xvi/encyclicals/documents/hf_ben-xvi_enc_20051225_deus-caritas-est_ge.html.

109 Papst Benedikt XVI.: *Enzyklika SPE SALVI*, Rom 2007, 31. Abschnitt. Zitiert nach: http://www.vatican.va/holy_father/benedict_xvi/encyclicals/documents/hf_ben-xvi_enc_20071130_spe-salvi_ge.html.

110 Joh 5,24.

muss Zorn erregen, wie unzählige Generationen von wertvollen, suchenden Menschen diese Verheißung, die seit unzähligen Jahren auf den Kanzeln der Welt gepredigt wurde *und wird,* gottergeben und demütig als wahr und einlösbar hielten *und halten* – und wie sehr diese geistlichen Wahlversprechungen den historischen Welterfolg der monotheistischen Religionen Christentum und Islam mitbedingten. Es ist nicht zu übersehen, dass die Theologie einen ansehnlichen Teil ihrer Zeit mit apologetischen Analysen dieser leeren und nicht eingelösten Verkündigungen verbringt.

Es wächst die Einsicht, dass eine Religion nicht zu den *existenziellen* Grundbedingungen menschlichen Daseins zählen kann, die seit fast 2.000 Jahren die Erfüllung von zutiefst menschlichen Hoffnungen verspricht, die sich als diejenigen Fiktionen erweisen, aus denen der Glaube besteht. Dies wird heute allmählich durchschaut. Es wird klar, dass Religionen nicht zu den Grundbedingungen des Lebens gehören. Dass sie vielleicht sogar die betörende Hoffnung „Friede auf Erden" durch ihren auf metaphysischer Ideologie basierenden Alleinvertretungsanspruch von der Möglichkeit einer Verwirklichung entfernen. Sind, rundheraus gefragt, Religionen verzichtbar?

Rundheraus geantwortet: Ich halte es für wahrscheinlich, vielleicht für notwendig, dass die Zukunft einen Verzicht auf das Jahrtausende währende Phänomen Religion bringen wird. Frage: Auch den Verzicht auf den Glauben an eine Existenz Gottes? Antwort: Für viele Menschen wahrscheinlich *nein,* für viele andere, und ich zähle mich zu ihnen, *ja.* Und damit befinden sich diese Aufzeichnungen vor dem Nichtglauben an Gott.

Atheismus

Elias Canetti sagte: *Es ist etwas Furchtbares um die Erschöpfung von Göttern.*[111] Natürlich ist der Gedanke furchtbar und fast nicht zu ertragen, dass der Mensch allein ist, allein ohne Gott oder Götter, allein im kalten, fühllosen, mitleidlosen Kosmos, der Mensch, dieser *Zigeuner am Rande des Universums.*[112] Aber – eine Zeit muss kommen, da der Mensch das Wissen um seine Geworfenheit in sein Lebensverständnis einzubeziehen gelernt hat. Dem Gehirnforscher Wolf Singer ist voll beizustimmen, wenn er sagt: *Ich denke, dass nichts würdiger wäre, als diese Erkenntnis auszuhalten. Wenn das wirklich Gemeingut würde, müsste es eigentlich zu einer enormen Solidarität der Menschen untereinander führen. (…) Das Leben und das bisschen Glück, das wir haben, würde uns als das Kostbarste erscheinen, das wir besitzen, und wir würden es höher achten als bisher.*[113]

Vielleicht ist der Glaube an Gott letztlich nur eine edle menschliche Ausflucht, um sich vor dem Erkennen der eiskalt-unbarmherzigen Verhältnisse, in die der Mensch hineingeboren ist, zu flüchten in ein subjektiv als gesichert empfundenes Heim der Seele, in einen „Glauben". Doch es wird unumgänglich sein, eine Welt zu erdenken und zu erbauen, da der Mensch sein Dasein nicht dem Wunschbild eines imaginären Gottes, sondern den ihm von der Evolution verliehenen Geisteskräften anvertraut – Kräften, die ihm neben vielem anderen auch die Möglichkeit bieten, das animalische

111 Elias Canetti: *Die Provinz des Menschen*, München 1973, S. 141.

112 Jacques Monod: *Zufall und Notwendigkeit*, München 1972, S. 211.

113 Wolf Singer: *Ein neues Menschenbild?*, Frankfurt/Main 2003, S. 64.

Erbe in ihm in den menschlichen Griff zu bekommen. Dazu wäre bisher noch keine andere Art fähig gewesen.

Es gibt viele Statistiken und Tabellen über das Zahlenverhältnis von an Gott Glaubenden und Nichtglaubenden. Deren Aussagekraft ist aber gering, denn die Grenzen zwischen Glauben und Nichtglauben sind, wie schon erwähnt, nahezu unbestimmbar. Auf quantitative Analysen sei hier nicht eingegangen. Siehe dazu die Skizzierung heute verbreiteter religiöser Gesinnungen (Seite 66).

Atheismus[114] gilt als moralisch verdammenswerte, zumindest höchst anrüchige Gesinnung von Heiden, Gottlosen, Gottesleugnern, Ungläubigen, Freidenkern, Ketzern, Häretikern, Antichristen, Apostaten. Schon früh, nämlich in der Bibel, beginnt die Gleichsetzung von Atheist mit „Frevler". Psalm 10,4: *Überheblich sagt der Frevler: „Gott straft nicht. Es gibt keinen Gott." So ist sein ganzes Denken.* Die Diffamierung von solchen an Gott Frevelnden wurde todgefährlich. Es genügte auch, vom Gottesbild der Kirche abweichende Vorstellungen zu predigen, um der Abweichung von der Rechtgläubigkeit, der Häresie, angeklagt zu werden. Ein Beispiel ist Eckhart von Hochheim (1260–1328), in die Geschichte eingegangen als Meister Eckehart. Die Lehren des wortgewaltigen Dominikaners von Gott und der Gottheit brachten ihm ein Häresieverfahren ein, dessen Geschichte ein ebenso ekelhaft-absurdes Bild von theologischer Wortklauberei offenlegt

114 Die geschichtliche Entwicklung des Atheismus ist in zwei Standardwerken umfassend dargestellt: Fritz Mauthner: *Der Atheismus und seine Geschichte im Abendlande*, 4 Bände, Frankfurt 1989; Georges Minois: *Geschichte des Atheismus – von den Anfängen bis zur Gegenwart*, übersetzt aus dem Französischen von Eva Moldenhauer, Weimar 2000.

wie etwa 270 Jahre später der Prozess gegen Giordano Bruno. Dieser wurde verbrannt, Meister Eckhart starb vor Abschluss des Verfahrens.

> Meister Eckehart: *(…) fernab von Gott liegen diese drei Bestimmungen „gut" „besser" „das Beste": er steht über allem dem! Sage ich weiter, Gott ist* ***w e i s e****: es ist nicht wahr, ich bin weiser als er! Sage ich ferner, Gott ist etwas* ***S e i e n d e s****: es ist nicht wahr. er ist – etwas ganz Transzendentes, er ist – ein überseiendes Nichtsein!*[115]

Die Überzeugung, dass der Atheist ein unanständiger Mensch, ein „Frevler" sei, beherrschte lange das theologische und auch das gesellschaftsmoralische Denken. Aber mutige Männer begannen, dieses Bild zu entzerren. Pierre Bayle (1647–1706), der rational-skeptisch argumentierende französische Schriftsteller und Philosoph, kritisierte nicht nur religiöse Intoleranz und die Verquickung von Staat und Kirche, er forderte Gewissensfreiheit als ein Gebot der Vernunft. Er ging davon aus, dass auch ein Atheist sittlich und moralisch handeln könne; die Gotteserkenntnis bessere niemals den Charakter eines Menschen.[116] *(…) wenn alle lasterhaften Menschen Atheisten sind, dann können sich Gesellschaften, deren Mitglieder zum größten Teil Atheisten sind, sehr wohl halten.*[117] Solche Auffassungen führten zu heftigen Attacken gegen ihn. Er verlor 1693 seine Professur, die Besoldung wurde ihm gestri-

---

115 Meister Eckehart: *Schriften*, übersetzt von Hermann Büttner, Jena 1934, S. 145.

116 Zitiert nach Mauthner: *Der Atheismus und seine Geschichte im Abendlande*, Bd. 2, S. 257.

117 Pierre Bayle: *Œuvres completes*, Rotterdam 1702, hier deutsch zitiert nach Minois Geschichte des Atheismus, S. 295 f.

chen, die zunächst erteilte Erlaubnis, private Vorlesungen zu halten, wieder zurückgenommen.

Im 18. Jahrhundert konnten atheistische Gedanken zwar schon freier geäußert werden, die Geistlichkeit versuchte aber auf allen möglichen, zum Teil recht intrigantischen Schleichwegen, dem, welcher Unchristliches und Atheistisches auch nur andeutete, zu schaden. Ein Beispiel dafür ist die unwürdige Glaubenserpressung, die geistliche Herren einige Tage vor seinem Tod mit Voltaire unternahmen. Der an den unbeschreiblichen Schmerzen einer Harnverhaltung infolge einer Prostatavergrößerung leidende „gottlose" Philosoph sollte bekennen, dass er die Gottheit unseres Herrn Jesus Christus anerkenne. Noch infamer ist dann die Verlogenheit der Berichte: ob oder wie er seine Glaubenszweifel bereut und widerrufen habe ...[118] Voltaire war kein Atheist. Er kämpfte gegen die Kirche und den Aberglauben, aber sein Festhalten an einer dem Deismus ähnlichen Gottesvorstellung machte ihm den Atheismus unheimlich. Das unlösbare Problem der Theodizee erschwerte ihm allerdings einen unreflektierten Glauben an (einen) Gott: *Es ist besser, überhaupt nicht an einen Gott zu glauben, als Gott gerade das zur Last zu legen, was man bei den Menschen bestrafen würde. – Stellen wir also zunächst fest: Es steht uns nicht an, Gott menschliche Eigenschaften zuzuschreiben und ihn nach unserem Bilde vorzustellen. Menschliche Gerechtigkeit, Güte und Weisheit passen nicht zu ihm.*[119]

Philosophen versuchten, zu definieren, was ein Atheist sei. Einer der ersten war der Philosoph der französischen

118 Siehe dazu den informativen Artikel von Franz Strunz: *Voltaires Tod*, in: Aufklärung und Kritik 1/2000, S. 116 ff.

119 http://teachers.brg-schoren.ac.at/her/pup/voltaire.html.

Aufklärung Paul Thiry d'Holbach (1723–1789). Von ihm, der später den Titel eines Barons erbte, stammen viele religionskritische, antiklerikale und atheistische Schriften, die, wie zu dieser Zeit nötig, meistens anonym oder unter Pseudonymen erschienen. Sein Name wird heute in klerikalen Kreisen ungern oder nur mit mühsam unterdrücktem Abscheu genannt. Seine Texte zeugen von außerordentlicher Gedankenschärfe, und manche seiner Ideen sind noch heute von erstaunlicher Aktualität, etwa wenn er eine Reform des politischen Systems fordert und weitsichtig vor revolutionären Umbrüchen und einer radikalen Demokratie, die den Staat ins Chaos stürzen würden, warnt.

In seinem Werk *System der Natur* schrieb d'Holbach 1770: Der Atheist *ist ein Denker, der sich, nachdem er über die Materie, ihre Energie, ihre Eigentümlichkeiten und ihre Wirkungsarten nachgesonnen hat, zur Erklärung der Erscheinungen des Universums und der Vorgänge in der Natur keine ideellen Mächte, keine imaginären Intelligenzen, keine Gedankengebilde zu erdichten braucht. (…) Ein Atheist ist ein Mensch, der an die Existenz eines Gottes nicht glaubt; nun kann aber niemand von der Existenz eines Wesens Gewissheit haben, das er nicht begreift und das unvereinbare Eigenschaften in sich vereinigen soll.*[120]

30 Jahre später veröffentlichte in Paris der Bibliothekar Sylvain Maréchal (1750–1803) ein *Dictionnaire des athées, anciens et modernes*. Über Maréchal schreibt Georges Minois in seiner hervorragenden *Geschichte des Atheismus*: *Der Atheist Maréchal ist ein ganz gewöhnlicher, einfacher, tugendhafter und natürlicher, bescheidener und kluger, freier und aufrechter Mann,*

120 Paul-Henri Thiry D'Holbach: *System der Natur*, übersetzt von Fritz Georg Voigt, Berlin 1960, S. 398.

der niemandem Lektionen erteilen und auch keine erhalten will.[121] Und dieser kluge Monsieur Maréchal zeichnet in der Vorrede seines *Dictionnaire* das Bild eines Atheisten, wie er, so meine ich, heute in der Öffentlichkeit gesehen werden sollte – jedoch immer noch nicht *wird*:

> *Der wahre Atheist ist weniger derjenige, welcher sagt: „Nein! Ich will keinen Gott", als vielmehr jener, der sagt: „Ich kann auch ohne einen Gott weise sein." (...) Der wahre Atheist ist ein bescheidener und ruhiger Philosoph. (...) Der Atheist ist ein Mann von Ehre. Er würde sich schämen, ein gutes Werk, das er selbst und in eigenem Namen tun kann, einem Gott zu schulden. (...) Er weiß. dass er Rechte und Pflichten hat; er nimmt die einen ohne Hoffart wahr und erfüllt die anderen ohne Zwang. Die Ordnung und die Gerechtigkeit sind seine Gottheiten; und er bringt ihnen nur freiwillig Opfer dar: nur der Weise hat das Recht, Atheist zu sein.*[122]

Kein Atheismus, der zu provozieren trachtet, sondern die Gesinnung, ein sittliches Leben unter Achtung der humanen Normen „tugendhaft" zu führen – ohne an die Existenz eines Gottes zu glauben.

Atheismus war denkbar geworden. Sogar in der romantischen Literatur finden sich Beispiele, die zeigen, wie Gedanken um die Frage nach der Existenz Gottes nicht mehr verschwiegen werden. Die Zeiten hatten sich ein wenig geändert, denn früher zog ja schon bloßes vorsichtiges Fragen gefähr-

---

121 Minois: *Geschichte des Atheismus*, S. 438. – Dem umfassenden Werk verdanke ich wertvolle Hinweise auf Zitate und Aufschlüsse über historische Verläufe.

122 Sylvain Maréchal: *Dictionnaire des athées*, Paris 1800, Vorrede. Hier zitiert aus Minois: Geschichte des Atheismus, S. 440.

liche Konsequenzen nach sich. So schob Jean Paul, zweifellos nicht von kirchenkritischer Haltung, in seinen Roman *Siebenkäs* (1795/96) eine mit der Handlung nicht im Zusammenhang stehende kurze poetische philosophische Betrachtung ein: *Rede des toten Christus vom Weltgebäude herab, dass kein Gott sei.* Stichwortartig sei der erstaunliche Inhalt angedeutet. Trotzdem zeigt schon der erste Satz, wie sehr sich Jean Paul um Absicherung gegen atheistische Unterstellungen bemüht.

> *Das Ziel dieser Dichtung ist die Entschuldigung ihrer Kühnheit. (...) Niemand ist im All so sehr allein wie ein Gottesleugner – er trauert mit seinem verwaiseten Herzen, das den größten Vater verloren (...). Ich lag einmal an einem Sommerabende vor der Sonne auf einem Berge und entschlief. Da träumte mir, ich erwachte auf dem Gottesacker. (...) Alle Gräber waren aufgetan, und die eisernen Türen des Gebeinhauses gingen unter unsichtbaren Händen auf und zu. (...) Jetzo sank eine hohe edle Gestalt mit einem unvergänglichen Schmerz aus der Höhe auf den Altar hernieder, und alle Toten riefen: „Christus! ist kein Gott?" Er antwortete: „Es ist keiner." (...) Da kreischten die Misstöne heftiger – die zitternden Tempelmauern rückten auseinander – (...) und das ganze Weltgebäude sank mit seiner Unermeßlichkeit vor uns vorbei (...). Und als Christus sah, (...) wie eine Weltkugel um die andere ihre glimmenden Seelen auf das Totenmeer ausschüttete, so hob er groß die Augen gegen die leere Unermesslichkeit und sagte: „Starres, stummes Nichts! Kalte, ewige Notwendigkeit! Wahnsinniger Zufall! (...) Ach, wenn jedes Ich sein eigner Vater und Schöpfer ist, warum kann es nicht auch sein eigner Würgengel sein? ..." (...) – und alles wurde eng, düster, bang – und ein unermeßlich ausgedehnter Glockenham-*

> *mer sollte die letzte Stunde der Zeit schlagen und das Weltgebäude zersplittern … als ich erwachte.*
>
> *Meine Seele weinte vor Freude, dass sie wieder Gott anbeten konnte – (…) und zwischen dem Himmel und der Erde streckte eine frohe vergängliche Welt ihre kurzen Flügel aus und lebte, wie ich, vor dem unendlichen Vater; und von der ganzen Natur um mich flossen friedliche Töne aus, wie von fernen Abendglocken.*[123]

Bemerkenswert, wie hier die Begriffe *Notwendigkeit* und *Zufall* schon in Zusammenhang mit der „leeren Unermesslichkeit" des Alls gebracht sind. Doch nicht nur in Dichtungen, für deren „Kühnheit" der Autor „Entschuldigung" erbittet, erscheinen Gedanken, die nach der Wirklichkeit Gottes fragen, der Atheismus wandert aus den Schriften progressiver Philosophen immer mehr unter die Menschen. Der Antiklerikalismus wächst, und 1848 entsteht eine erste Gesellschaft von „Freidenkern". Charles Darwin und Alfred Russel Wallace entwickelten ihre Theorie der Evolution durch natürliche Selektion und traten damit 1858 vor die wissenschaftliche Öffentlichkeit. Dies stellte eine plausible Erklärung für die ewig bohrende Frage dar, wie alles geworden sei, und bedeutete, die Vorstellung von einem Schöpfergott in Zweifel ziehen zu müssen.

Die Gegensätze zwischen der christlichen Religion und ihren Gegnern spitzten sich zu. Das I. Vatikanische Konzil (1870) reagierte heftig:

---

123 Jean Paul: *Siebenkäs*, Werke in zwölf Bänden, München1975, Bd. 3, S. 270 ff.

> *1. Wer den einen wahren Gott, den Schöpfer und Herrn der sichtbaren und unsichtbaren Dinge leugnet, der sei ausgeschlossen.*[124]
>
> *1.Wer sagt, der eine wahre Gott, unser Schöpfer und Herr, könne mit dem natürlichen Licht der menschlichen Vernunft durch das, was gemacht ist, nicht mit Sicherheit erkannt werden, der sei ausgeschlossen.*[125]

Die berühmten Worte Friedrich Nietzsches *Gott ist todt! Gott bleibt todt! Und wir haben ihn getödtet! Wie trösten wir uns, die Mörder aller Mörder?* drücken Trauer über den von „uns" begangenen Gottesmord aus. Nietzsche legt sie einem „tollen Menschen" in den Mund, der sie auf dem Markt einer Gruppe von Menschen zuruft, die nicht an Gott glauben. Der Aphorismus schließt: *Man erzählt noch, daß der tolle Mensch desselbigen Tages in verschiedene Kirchen eingedrungen sei und darin sein Requiem aeternam deo angestimmt habe. Hinausgeführt und zur Rede gesetzt, habe er immer nur dies entgegnet: „Was sind denn diese Kirchen noch, wenn sie nicht die Grüfte und Grabmäler Gottes sind?"*[126] Kurze Zeit später schreibt Nietzsche: *Ich kenne den Atheismus durchaus nicht als Ergebniss, noch weniger als Ereigniss: er versteht sich bei mir aus Instinkt. Ich bin zu neugierig, zu* fragwürdig, *zu übermüthig, um mir eine faustgrobe Antwort gefallen zu lassen. Gott ist eine faustgrobe Antwort, eine Undelicatesse gegen uns Denker –, im Grunde sogar bloss ein faustgrobes*

---

124 I. Vatikanisches Konzil: *Lehrentscheid über den katholischen Glauben*, Rom 1870, 1. Lehrsatz zum 1. Kapitel.

125 I. Vatikanisches Konzil: *Lehrentscheid über den katholischen Glauben*, Rom 1870, 1. Lehrsatz zum 2. Kapitel.

126 Friedrich Nietzsche: Werke in drei Bänden. München 1954: *Die fröhliche Wissenschaft*, „Der tolle Mensch", Bd. 3., S. 125.

Verbot an uns: ihr sollt nicht denken!"[127] Diese Worte eines großen Philosophen machen deutlich, dass bei besonnenen Atheisten der Abschied vom Gottesglauben keinen leichtfertigen Verzicht darstellt, sondern Resultat des Denkens.

Das 20. Jahrhundert wurde auf tödliche Weise verdunkelt durch die beiden Ideologien, eigentlich politisch-religiösen Ideologien, Kommunismus und Nationalsozialismus, die eine mit ihrem Glauben an die „Wahrheit" *Klasse*, die andere an den „Gott" *Rasse*. Anders als beim Bolschewismus spielte im Nationalsozialismus die atheistische Einstellung des Regimes keine zentrale Rolle, wahrscheinlich, weil Hitler selbst seinen Glauben an die „Vorsehung" immer wieder zur Legitimierung seiner politischen Untaten einsetzte[128]. – Die nach dem Zweiten Weltkrieg sich ausbreitende religiöse Unsicherheit veranlasste das II. Vatikanische Konzil, zum nicht zu übersehenden Wachsen des Atheismus Stellung zu nehmen:

> *21. Die Haltung der Kirche zum Atheismus*
> *Die Kirche kann, in Treue zu Gott wie zu den Menschen, nicht anders, als voll Schmerz jene verderblichen Lehren und Maßnahmen, die der Vernunft und der allgemein menschlichen Erfahrung widersprechen und den Menschen seiner angeborenen Größe entfremden, mit aller Festigkeit zu verurteilen, wie sie sie auch bisher verurteilt hat. (…)*[129]

---

127 Friedrich Nietzsche : Werke in drei Bänden. München 1954: *Ecce homo*, „Warum ich so klug bin", Bd. 1, S. 415.

128 Siehe zum Beispiel Seite 64.

129 II. Vatikanisches Konzil: *Pastorale Konstitution GAUDIUM ET SPES*, Rom 1965, 1. Kapitel. 21. Abschnitt. Zitiert nach: http://www.vatican.va/archive/hist_councils/ii_vatican_council/documents/vat-ii_const_19651207_gaudium-et-spes_ge.html.

Nein. Atheismus ist keine „verderbliche Lehre", keine Verneinung, wie Theologen ihm vorzuwerfen pflegen, sondern er öffnet einen Raum geistiger Freiheit, von der jene Menschen nichts ahnen, denen ihre Fixiertheit auf ein imaginäres Gottesbild den Blick in die Weite des geistigen Kosmos erschwert oder sogar verstellt. Die folgenden Zitate beschreiben einen Atheismus, wie er heute von nicht wenigen Menschen angenommen wird.

> Lavanam Gora, indischer Philosoph, Direktor des Atheist Centre von Vijayawada: *In der Gesellschaft herrscht Verwirrung. Menschen verlieren das Vertrauen in die Religion; aber sie haben noch kein Vertrauen in eine Lebensführung ohne Gott entwickelt. Atheismus ist nicht bloße Verneinung der Existenz eines Gottes oder Religionskritik. Heute ist Atheismus eine positive und konstruktive Kraft. Atheismus ermutigt Menschen, frei zu fragen und unkonventionell zu denken. Atheismus sucht nach Alternativen, um neue Lösungen für die menschlichen Probleme zu finden. Atheismus wendet die Aufmerksamkeit der Menschen von einem imaginären Gott auf die Realität der gesellschaftlichen Situation; für den Aufbau von Freiheit und Gleichheit.*[130]

> Georges Minois: *Auch der Atheist glaubt – zwar nicht an Gott, aber an den Menschen, an die Materie, an die Vernunft.*[131]

---

130 Aus einer Rede gehalten auf der III. Atheistischen Weltkonferenz im Juni 1983 in Helsinki. Zitiert nach: http://www.ibka.org/artikel/miz83/lavanam.html.

131 Minois: *Geschichte des Atheismus*, S. 30.

Henry Gelhausen, Schweizer Schriftsteller: *Der Atheismus ist weder These noch Antithese, er ist außerhalb der Kategorien von Wahr und Falsch. (…)*[132]

Joachim Kahl, deutscher Philosoph: *Atheismus ist Gottesleugnung und klar zu unterscheiden von Gotteslästerung, Antitheismus, Neuheidentum und Agnostizismus. (…) Es gibt keinen Gott, der die Welt erschaffen hat. Es gibt keinen göttlichen Erlöser. Die Welt ist unerlöst und unerlösbar (…).*[133]

Auf den schwarzen Marmorblöcken am Familiengrab meiner Mutter, einer Müllerstochter aus Niederösterreich, stand in eingemeißelten goldenen Buchstaben: *Der Herr hat's gegeben, der Herr hat's genommen, der Name des Herrn sei gebenedeit.*[134] Ich war etwa neun Jahre alt und fragte meine Mutter: „Mutti, was heißt denn ‚gebenedeit'?" Sie erklärte es mir – preisen, loben, ehren. Ich war unzufrieden: „Aber wenn der liebe Gott so ein Allmächtiger ist, der uns alle lieb hat, warum hat er denn dann die Tante Christl sterben lassen?" Die Tante Christl, eine Schwester meiner Mutter, eine wunderbare, hochmusikalische Frau, war kurz zuvor an Magenkrebs gestorben. – Damals vor diesem glänzenden schwarzen Grabstein begann ich zu ahnen, dass da etwas nicht stimmt – mit dem lieben Gott oder mit unserem Bild von ihm. Die Ahnung wuchs zum Verdacht und im Lauf des Lebens zur Gewissheit.

132 Henry Gelhausen: *Atheismus – ein Stadium der Reife*, in: Edgar Dahl (Hg.): DIE LEHRE DES UNHEILS, Hamburg 1993, S. 162.

133 Joachim Kahl: *Die Antwort des Atheismus.* Zitiert nach: http://www.ibka.org/artikel/ag98/atheismus.html.

134 Hiob 1,21.

Von der biologischen und kulturellen Evolution hervorgebrachte Veränderungen im Außen verursachen Veränderungen im Inneren und umgekehrt. Im sich selbst organisierenden Gehirn ändern sich die neuronalen Strukturen ständig, und damit auch das von ihm evolutionär hervorgebrachte Bewusstsein. Eine – natürlich über Generationen sich erstreckende – Veränderung des menschlichen Bewusstseins bedeutet Veränderung des gesamten Welt- und Lebensbildes des Individuums und der Population eines Kulturkreises. Zweifellos beschleunigte sich dieser Vorgang im Lauf der vergangenen Jahrzehntausende bis hin zu den letzten Jahrzehnten, da dieses Accelerando zu atemberaubender Geschwindigkeit wuchs. Welche gravierenden Veränderungen von Denkbereichen die Erfindungen des Computers und des Internets bewirken, können wir noch nicht ermessen. Wie weit das Schwinden der religiösen Autorität des Christentums heute mit dieser Bewusstseinsänderung zusammenhängt oder aber mit der wachsenden Schwierigkeit, dessen Lehrinhalte sich verinnerlichen zu wollen oder zu können, ist derzeit noch nicht absehbar. Ob und in welcher Weise dieser Rückzug von der etablierten Religion auch mit Vorgängen im seit den Jahren um 1900 systematisch erforschten *Unbewussten* zu tun hat, darüber gibt zum Beispiel das lesenswerte Buch *Religiosität ohne Religion* von Willy Obrist[135] bedenkenswerte Aufschlüsse.

Gegner eines zu sehr von den Naturwissenschaften geprägten Weltbildes warnen vor einer „Wissenschaftsgläubigkeit". Dazu sagte Karl Popper 1982 in einem Interview: *Diejenigen, die der Wissenschaftsgläubigkeit anhängen, sind keine*

135 Willy Obrist: *Religiosität ohne Religion*, Stuttgart 2009.

Wissenschaftler. Der wahre Wissenschaftler darf an seine eigene Theorie nicht glauben.[136] Das heißt, dass Begriffe wie „glauben an" oder „Wahrheitsgewissheit" in der Wissenschaft nicht existieren. Wissenschaftliche Erkenntnisse müssen anders als religiös-theologische grundsätzlich kontrollierbar sein, und sie unterliegen einer steten Überprüfung durch neue Forschungen. In der Zeit Jesu herrschten andere Vorstellungen vom Wert menschlichen Wissens. Vor etwa 1.950 Jahren schrieb der heilige Paulus: *Denn dieser Welt Weisheit ist Torheit bei Gott.*[137] – Die Frage drängt sich auf, welche Gläubigkeit glaubhafter wäre: *Glaubensgläubigkeit* oder *Wissenschaftsgläubigkeit*?

Humanismus

Nach dem klärenden Blick auf die geistige Haltung, an eine Existenz Gottes nicht zu glauben, nun weitere Blicke nach vorne, auf die Möglichkeiten einer postchristlichen Zukunft. Wie die Entwicklung auch verlaufen mag, sie wird gegründet sein auf der Idee des Humanismus. Der deutsche Philosoph Herbert Schnädelbach schrieb: *Seine* [des Christentums] *positiv prägenden Kräfte haben sich erschöpft oder sind übergegangen in die Energien eines profanen Humanismus.*[138]

Der Begriff ist abgeleitet von *humanus* (menschlich) und *humanitas* (Menschlichkeit). Unterschieden werden: *Alter Hu-*

---

136 *Aufklärung und Kritik* 2/1994, S. 38 ff. Abdruck des Interviews mit der französischen Wochenzeitung *L'Express* vom Februar 1982.

137 1 Kor 3,19.

138 Herbert Schnädelbach: *Der Fluch des Christentums* in: Die Zeit, Nr. 20, 11. Mai 2000, S. 41–42.

manismus, Renaissance-Humanismus, Neuer Humanismus (Aufklärung), *Dritter Humanismus* (Beginn 20. Jahrhundert). Der Ausdruck „Humanismus" wurde von dem Philosophen und Theologen Friedrich Philipp Immanuel Niethammer in einem Buch über die Theorie des „Erziehungs-Unterrichts" 1808 erstmalig verwendet. Vorher hatte man für die Bezeichnung von Menschlichkeit an sich den Ausdruck „Humanität" gebraucht. Durch die Geschichte ziehen sich philosophische Debatten um die Frage, was Humanismus und Humanität philosophisch und in der Praxis bedeute. Die Grundlage bilden für mich die im nächsten Absatz zitierten ethischen Werte, genannt im Artikel „Humanismus" auf de.wikipedia.org:

Die Gesamtheit der Ideen von Menschlichkeit und des Strebens nach Verbesserung des menschlichen Daseins. Toleranz, Gewaltfreiheit, Gewissensfreiheit. Achtung der Würde des anderen. Humanität in der praktischen Umsetzung dieser Ideen: *Hilfe, Güte, Freundlichkeit, Mitgefühl für die Schwächen der Menschen.*

Im *areligiösen säkularen Humanismus* ergänzend dazu:

Kein Glaube an die Existenz höherer, dem Menschen übergeordneter göttlicher Mächte. Der moderne Mensch vermag sich aus eigenem Antrieb mithilfe seiner Vernunft weiterzuentwickeln. Setzung ethischer Normen unabhängig von Religion.

Besonders nahe stehe ich dem *Evolutionären Humanismus.* Diese Idee wurde geprägt von dem englischen Biologen, Philosophen und Schriftsteller Julian Huxley (1887–1975), dem ersten Generaldirektor der UNESCO. Er gab dieser geistigen Ausrichtung ihren Namen. Die wesentlichen Merkmale des durch Kunst, Wissenschaft und Philosophie inspirierten Evolutionären Humanismus sind: Vereinbarkeit mit der Wissenschaft; kritisch-naturalistische Weltanschauung; Eintreten für die Werte der Aufklärung, für Selbstbestimmung, Freiheit und soziale Gerechtigkeit; auf Vernunft gegründete allgemeine Ethik (abgegrenzt von der religiös geprägten Moral). Von Deutschland aus setzt sich die Giordano Bruno Stiftung für die Verbreitung und Akzeptanz dieser Ideen ein.

Vor vielen, vielen Jahrzehnten bat mein Vater, ein sehr bekannter und beliebter Kinderarzt, mich – mit einem Anflug von Verlegenheit, wie mir, dem Buben, schien –, ihm zu helfen, über der Tür zu seinem Ordinationszimmer einen Nagel einzuschlagen. Er hängte ein unter Glas gerahmtes Schriftblatt daran. In einfachen Buchstaben stand darauf: *Hilf und sei gütig*. Schon der Bub spürte, dass dies im Grunde alles umfasst, was *Humanitas* ist.

Der nun alte Mann spürt dankbar die innere Befreiung von geistlichen Vorprägungen und die Erweiterung des persönlichen Gefühls- und Denkhorizonts im Bestreben, sein Leben geleitet von mitmenschlich-helfender Tatkraft im Sinne einer *humanitas sine religione antiqua* zu führen – eines Humanismus mit einem offenen, naturalistischen Menschen- und Weltbild auf dem Boden gesicherten Wissens; eines Humanismus des heute lebenden Menschen; eines evolutionären Humanismus.

Ethisch-moralische Leitideen vor Christus

Es ist berührend, zurückzublicken in die Geschichte der Menschheit und gewahr zu werden, wie sehr der von einem Denken an „den anderen" bereitete *geistige Raum* von früh an erfüllt war mit ethischen Maximen, die über die Zeiten hin für den heimischen Planetenbewohner von immerwährender Aktualität waren und sind. Die geistigen Schatztruhen der Menschheit sind seit Jahrtausenden gefüllt mit Ideen, mit Leitgedanken, mit Regeln und Geboten für das Zusammenleben der Menschen. Die Grundzüge für das Erstrebenswerte, für menschliche Tugenden sind nahezu in allen Aussagen erstaunlich analog. Hier seien wesentliche Beispiele vorchristlicher ethisch-moralischer Leitideen genannt:

Altes Ägypten (ca. 2600 v. Chr.):
Die vier wichtigsten Gebote waren:

1. Pietät gegenüber den Eltern, der eigenen Herkunft, der Tradition.
2. Hinhören, Gehorchen, Achtgeben. Darunter fällt auch die Achtung der Frau und des Familienlebens.
3. Wahrheit, Rechtschaffenheit, Gerechtigkeit, zum Beispiel „Handle und wandle recht und gerecht" oder „Folge deinem Verstand (Herz), solange du lebst."
4. Nicht geizig und habgierig sein, sondern Güte und Toleranz üben.[139]

Sumerer (ca. 2400–1700 v. Chr.):
Ihren eigenen Aussagen nach schätzten die Sumerer Güte und Wahrheitsliebe, Gesetz und Ordnung, Freiheit und Gerechtigkeit, Ehrlichkeit und Aufrichtigkeit, Mitleid und Anteilnahme. Sie verabscheuten Bosheit und Lügenhaftigkeit, Gesetzlosigkeit und Unordnung, Ungerechtigkeit und Unter-

139 James Henry Breasted: *The dawn of conscience.* New York 1933; mehrere Aufl.; Reprint 1968; dt.: *Die Geburt des Gewissens*, Zürich 1950. Zitiert nach: http://www.muellerscience.com/WIRTSCHAFT/Philosophie/Ethische_Gebote.htm

drückung, Unredlichkeit und Unaufrichtigkeit, Grausamkeit und Unbarmherzigkeit.[140]

Babylonier (ca. 2000–1100 v. Chr.):
Quellen belegen, dass Güte und Wahrheit, Gesetz und Ordnung, Gerechtigkeit und Freiheit, Weisheit und Wissenserwerb, Mut und Treue, Barmherzigkeit und Mitgefühl im Mittelpunkt der sozialen und moralischen Vorstellungen des Volkes standen.[141]

Gilgamesch-Epos (2000 v. Chr.):

- Deinem Feinde vergilt nicht Böses, dem, der dir Böses zufügt, vergilt Gutes!
- deinem Feinde lass Gerechtigkeit widerfahren;
- Gib Speise zu essen und Trank zu trinken;
- strebe nach Wahrheit, versorge und erweise Ehre! (…)
- Verleumde nicht, sondern rede Freundliches;
- Böses sprich nicht, sondern rede Gutes! (…)
- Reiße deinen Mund nicht auf, hüte deine Lippen!
- Was du in deinem Innern hast, sprich es nicht gleich aus! (…)
- Schweigen zu lernen, darauf solltest du deinen Sinn richten. (…)
- Gegen deinen Gott sollst du Herzensneigung haben; das ist es, was der Gottheit zukommt. (…)[142]

140 Samuel Noah Kramer: *Geschichte beginnt mit Sumer*, 1959, S. 86 f.

141 http://home.datacomm.ch/ahmet.sabanci/infopedia/3_babyl.htm.

142 Gustav Mensching (Hg.): *Das lebendige Wort – Texte aus den Religionen der Welt*, Wiesbaden 1985, S. 44.

Konfuzianismus:
Menschlichkeit; Gerechtigkeit; Weisheit; Güte; Untertanentreue; Verehrung der Eltern und Ahnen; Wahrung von Anstand und Sitte, Höflichkeit und Etikette.

Buddhismus:
Kultivierung der im „Edlen Achtfachen Pfad" beschriebenen Tugenden:

1. rechte Einsicht, rechte Anschauung, rechte Erkenntnis,
2. rechte Gesinnung, rechte Absicht, rechtes Denken, rechter Entschluss,
3. rechte Rede,
4. rechtes Handeln, rechte Tat,
5. rechter Lebenserwerb, rechter Lebensunterhalt,
6. rechtes Streben, rechtes Üben, rechte Anstrengung,
7. rechte Achtsamkeit, rechtes Sicherinnern, rechte Bewusstheit,
8. rechte Sammlung, rechtes Sichversenken, rechte Konzentration, rechte Versenkung.

Welch ein Katalog des „Guten", des Ordnenden, des Friedenstiftenden, des „Menschlichen"! – könnte man begeistert ausrufen. Doch man hält inne und hat vor Augen jenen anderen Katalog, der den Gang der Weltgeschichte verzeichnet: Den Katalog des Unfriedens, der Kriege, des Machtmissbrauchs. Muss dieser dunkle zweite Katalog nicht den Verdacht heraufrufen, alle diese anzustrebenden Tugenden im ersten Katalog seien hehre geistige Makulatur gewesen? – Nein, das waren sie nicht, auch wenn ihre Umsetzung in die Wirklichkeit beklagenswert lückenhaft ausfiel. Man sollte aber nicht nur die schwache Umsetzung beklagen, sondern auch die Gefahren benennen, welche die Umsetzung hilfreicher Gebote für ein friedliches Miteinander in die menschliche Praxis bedrohten. Zu diesen Gefahren zählt nicht nur persönliche oder institutionelle Machtbesessenheit, sondern eben auch die zerstörerische politische und religiöse Ideologisierung.

Das Christentum konnte in 2.000 Jahren nicht beweisen, dass die in seinen Augen keinen Widerspruch duldende Verkündigung einer alles bestimmenden Zentralmacht den Menschen zum Segen wurde. Dieses Ergebnis lässt es nicht ratsam erscheinen, diesen Zustand ein weiteres Jahrtausend lang fortzusetzen. Umso weniger, als heute, wie hier mehrfach betont, die Auffassung wissenschaftlich kaum mehr umstritten ist, moralische Normen seien nicht nur durch das Aufwachsen im sozialen Umfeld entstanden, sondern als Keime zu altruistischem Verhalten genetisch angelegt.

Die Entdeckung von „Spiegelneuronen" im Gehirn erlaubt eine Erklärung der Fähigkeit, auf die Gefühle Anderer entsprechend zu reagieren (Empathie). Biologen nehmen eine „natürliche" Entstehung von Moral an, moralische Orientierungen seien im Bauplan bereits enthalten. Es ist freilich nicht ergründbar, ob, und wenn, wie sich die über Jahrtausende hin gebildeten ethisch-moralischen Regeln mit der in der menschlichen Natur bereits angelegten Fähigkeit zu Altruismus und sozialer Offenheit vernetzen.

Die oben verzeichneten Gebote vorchristlicher sittlicher Leitideen weisen in den zentralen Punkten nicht nur Ähnlichkeiten, sondern eine erstaunliche Gleichheit auf, und dies trotz der geografisch und kulturell bedingt verschiedenen Weltsichten in den Regionen ihrer Herkunft. Diese Identität sei hier mit den Worten des bewunderungswürdig klugen und weitsichtigen Georg Christoph Lichtenberg (1742–1799) erfasst:

> *Wir haben nunmehr vier Prinzipien der Moral:*
> *1. Ein philosophisches: Tue das Gute um seiner selbst willen, aus Achtung vor dem Gesetz.*
> *2. Ein religiöses: Tue es, weil es Gottes Wille ist, aus Liebe zu Gott.*
> *3. Ein menschliches: Tue es, weil es deine Glückseligkeit befördert, aus Selbstliebe.*
> *4. Ein politisches: Tue es, weil es die Wohlfahrt der großen Gesellschaft befördert, von der du ein Teil bist, aus Liebe zur Gesellschaft, mit Rücksicht auf dich.*
> *Sollte dieses nicht alles dasselbe Prinzip sein, nur von anderen Seiten angesehen?*[143]

Dasselbe Prinzip. „Angesehen" von den Seiten 1, 3 und 4 sind die ethischen Maximen, welche wohl die größte Möglichkeit bereithalten, dem Menschen auf der Erde zu Glück und Lebenszufriedenheit zu verhelfen, folgende: *Das Gute um seiner selbst willen tun* und *Die Wohlfahrt der großen Gesellschaft befördern.* Lassen wir diese Worte stehen, ohne uns um die eigentlich etwas abgehobenen philosophischen und theologischen Debatten um die Frage zu kümmern, was das „Gute" ontologisch sei, wie es zu definieren wäre, welche bioevolutionäre, sozialpädagogische Bedeutung es hätte – und dergleichen Theoretisieren mehr.

Das Gute – auch ohne Definition weiß und/oder fühlt jeder auch nur ein wenig mehr als an Geld, Essen oder Sex denkende Mensch, was dies ist. Die kulturelle Evolution ent-

143 Lichtenberg: *Aphorismen*, S. 133

wickelte im menschlichen Bewusstsein einen Sinn, ein Gefühl dafür, was – simpel, aber treffend bezeichnet – *anständig* und was *unanständig* ist. Die Grenze zwischen beiden moralischen Polen wird natürlich individuell verschieden empfunden, doch bewegt sich der Bereich der Grenzverschiebung innerhalb einer nicht sehr breiten Zone. Was zeigt, dass ethisch-moralische Maximen bei aller Differenziertheit durch persönliche Charaktereigenschaften doch eine fast allgemein orientierende Gültigkeit aufweisen.

Religion und Religiosität

Der Geist weht, wohin er will, sagt der Volksmund. Ich will dem Volksmund nun nicht über den Mund fahren, ihm aber vorschlagen, statt „will" „muss" zu sagen. Obwohl ich ein Verfechter des „freien" Willens bin, würde ich diesem Etwas, Geist genannt, nicht unbedingt einen freien Willen zusprechen. Wohin er heute weht, aus vielen Ursachen wehen *muss*, drückt der Soziologe Ulrich Beck aus, wenn er sagt, *dass wir einen Übergang von Religion zur Religiosität erleben, also von der im Glaubenskanon institutionalisierten Religion zu einer stärker subjektiven Religiosität.*[144]

Ich möchte nun klar aussprechen: Mein eigenes Gefühl, meine eigenen Gedanken hatten sich seit Jahrzehnten schon einer Richtung des Geistes zugewendet, die *agnostisch-atheistische Religiosität* genannt werden könnte. Ich sehe im Glauben an eine Religion keinen geistigen Gewinn. Ich erkenne

144 Im Interview *Die ganz normale »Unreinheit«;* in NEUES DEUTSCHLAND, 12. März 2009. Zitiert nach: http://www.neues-deutschland.de/artikel/145392.die-ganz-normale-unreinheit.html.

keinen Hinweis für die Existenz Gottes, für das Walten einer „höheren Macht", die alles und somit auch mich schuf und meinen Lebens- und Todesweg bestimmt. Ich fühle mich jenen Menschen nahe, die heute, in einer Zeit, da die Beziehung zwischen Glauben und Wissen zu einer dramatischen Polarität eskalierte, zu geistig souveräner Freiheit und zu inneren Werten gefunden haben, deren Substanz sich klarer, „glaubwürdiger" und hilfreicher erweist als die religiöse Tradition rund um uns.

Insbesondere im Deutschen wird zwischen Religion und Religiosität unterschieden. Religion bezeichnet das System, das Strukturelle, Gemeinschaftliche, Religiosität eine subjektive Anschauung des Einzelnen. Darüber hinaus ist der Begriff Religiosität mehrdeutig und missverständlich. Dies führt gelegentlich auch zu Fehlzuweisungen je nach geistiger Interessenlage des Deutenden. Beide Ausdrücke entstammen dem lateinischen *religio,* das mehrere Bedeutungen hat: Rücksicht, Gewissenhaftigkeit, Religiosität, Gottesfurcht, Religion, Glaube, Verehrung, Gottesdienst, Zeremonie, Kultus, Heiligkeit, Eid, auch Frevel. Das Wort Religiosität hat einen weiteren Ursprung im spät- oder mittellateinischen *religiositas,* was mit „Frömmigkeit", „Gottesfurcht" zu übersetzen ist. Interessanterweise erscheint *religiositas* zweimal bei dem christlichen Schriftsteller Tertullian zur Bezeichnung des heidnischen Glaubens.[145] (Dieser Hinweis möge nicht als Argument verstanden werden!) Auch der Dichter und Philosoph Apuleius gebrauchte um diese Zeit die Begriffe *religiosus* und *religiositas.* Von Anfang an wird das Adverb „religiös" sprachlich

145 *Apologeticum XXV.2, Ad Nationes XVII.*11. Zitiert nach: Thorsten Föge (Hg.): Antike Fachtexte, Berlin 2005, S. 300.

sowohl auf „Religion" als auch „Religiosität" bezogen, was die erwähnte Begriffsunsicherheit nicht mindert. Sogar von theologischer Seite wurde angeregt, den Begriff „religiös" als Adjektiv im Sinn des Substantivs „Religiosität" und nicht von „Religion" zu verstehen[146].

Die Geschichte des Begriffes „Religiosität" ist in wissenschaftlichen Schriften beschrieben. Seine Deutung heute stellt sich als philosophisch-theologisch-religionspsychologischer Wirrwarr dar. Die diesem Begriff angeklebten Etiketten lassen dies erkennen: „Religionskompositionen", „Respiritualisierung", „Glaube light", „Ersatz- und Pseudoreligiosität", „unsichtbare Religion", „Glaubens-Supermarkt", „Cafeteria-Mentalität". Neben allem anderen ist hier eine hochnäsige Abwertung kaum zu übersehen. Gläubigen ist nicht zu verdenken, wenn sie die Emigration aus dem geschlossenen Glaubenssystem ihrer Religion hinüber – hinauf?, hinunter? – in Regionen, wo religiöse Gedankenfreiheit herrscht, als Tabu verabscheuen und zu verdrängen suchen. Christliche Theologie und Religionspädagogik haben große Schwierigkeiten mit der Deutung des Phänomens Religiosität und neigen zu einer Vermeidung des Themas. Manche Theologen beruhigen mit der Feststellung, Religiosität drücke sich über die Religion aus, Religiosität ohne Religion gäbe *es faktisch nicht, denn sie wäre wort-, bild-, ort- und gestaltlos.* Andere versuchen, Überzeugungen im Sinne von Religiosität als letztlich vom Christentum geprägtes Denken darzustellen.

Diese Annahmen scheinen mir, salopp gesagt, zu sehr von der Identität der ersten sieben Buchstaben von „Religi-

146 Regina Polak (Hg.): *Megatrend Religion? Neue Religiositäten in Europa*, Ostfildern 2002, S. 88.

on" und „Religiosität" geprägt. Beiden Begriffen liegt als Gemeinsames das Suchen des Menschen nach Antworten auf die Fragen nach seinem *Woher, Wohin* und *Warum* zugrunde. Das Trennende liegt in der Verschiedenheit der Quellen, aus denen Menschen Antworten anzunehmen bereit sind, und damit in der Verschiedenheit der Inhalte von Antworten. *Religion* antwortet mit als unumstößlich geltenden Offenbarungen, *Religiosität* antwortet mit lebendigem Gespür für ein Wissen um heutige innere und äußere Wirklichkeiten – und dessen Vorläufigkeit. Friedrich Dürrenmatt schrieb die bedenkenswerten Sätze: *Nur wer weiß, weiß, dass er wenig weiß und dass das, was er weiß, vorläufig ist. Nur wer glaubt, glaubt, dass er weiß.*[147] Christliche Religion braucht Glauben und ist skeptisch gegenüber Wissen, sie braucht (siehe oben) „Wort" (die Bibel), „Bild" (das Kreuz), „Ort" (Golgatha) und „Gestalt" (Christus). Religiosität braucht die glaubensbegründende Fixierung auf solche Symbole nicht. Sie denkt in anderen, dem Wissen offenen, realen, realistischen und (wohlverstanden:) natürlich-naturalistischen Kategorien.

Symbole verlieren ihre Überzeugungskraft, wenn der von ihnen symbolisierte geistige Inhalt fragwürdig geworden ist. Christlich getaufte und erzogene Menschen, die als „Christgläubige" von ihrer Religion mehr wissen und kennen wollen als die Texte der sonntags im Gottesdienst gesungenen Lieder, können eines Tages spüren, wie unbefriedigend ein Für-wahr-halten-Müssen von Doktrinen ist, die man „eigentlich" heute nicht mehr glauben kann. Jean Cocteau mein-

147 Friedrich Dürrenmatt in der Zeitschrift Freidenker 1/1991 der Schweizer Freidenker-Vereinigung. Zititert nach: http://www.humanistische-aktion.de/gott.htm.

te zwar einmal: *Die meisten* leben *in den Ruinen ihrer Gewohnheiten*. Doch immer mehr Menschen mit Sinn für das, was als Religiosität bezeichnet werden kann, werden mehr und mehr zu jenem Denken gelangen, von dem hier die Rede ist.

Nicht nur moralische Verhaltensnormen sind im Menschen genetisch angelegt, nach Ansicht von Forschern bildete sich auch die Fähigkeit zu glauben im Verlauf der Evolution beim frühen Menschen als überlebensfördernd heraus, weil sie den *Zusammenhalt* der Gruppe festigte[148]. Die genetische Verankerung der Glaubensfähigkeit wird von anderen Wissenschaftlern auch durch unsere kognitiven Kapazitäten erklärt, die den Glauben an Übernatürliches hervorzubringen vermögen[149]. Diese neuronale Anlage zu Glauben, Religion, Religiosität, Spiritualität und ähnlichen Erscheinungen ohne Bezug zu einer nachweisbaren, messbaren Empirie basiert auf der evolutionär entstandenen Fähigkeit zu inneren Bildern, Vorstellungen, Fantasien und Illusionen. Wissenschaften, Theologien, Religionen, Laienmeinungen etc. versuchen diese mental-kognitive Potenz auf fachmännische, auf apologetisierende, parteiisch-subjektive, auch auf esoterische Weise zu analysieren, zu deuten, zu leben und mit Inhalten auszustatten.

Solche Begriffsunsicherheit versucht der Biologe Andreas Kilian zu ordnen. Er plädiert dafür, dieses von der Evo-

---

148 Als einer der Ersten der Biochemiker und Verhaltensgenetiker Dean Hamer in seinem Buch *Das Gottes-Gen. Warum uns der Glaube im Blut liegt*, München 2006.

149 Scott Atran, Anthropologe, University of Michigan, Ann Arbor; Justin Barrett, Anthropologe, Oxford University; Olivera Petrovich, Psychologin, Oxford University.

lution bereitgestellte Grundvermögen als „Imaginalität"[150] zu bezeichnen – eine meiner Meinung nach höchst überlegenswerte Idee, die wesentliche Klärungen anstoßen könnte. Kilian schreibt:

> *Imaginalität ist die biologische Basis der Spiritualität. Das Numinose, Transzendente und Unerklärliche kann aus der Diskussion ausgeklammert werden. (...) Ein Denken in Bildern und Vorstellungen; mit Bildern, die versuchen die Realität wiederzugeben und zu beschreiben, aber nicht die Realität sind; Gefühle, die zu Bildern werden können sowie eine Tendenz zum Wunschdenken, Lückenfüllen und Phantasieren. Kurz: Eine Vorstellungswelt, die uns als vorläufiges Raster zur Orientierung dient, weil wir nicht mit vollem Wissen zur Welt kommen können. Ein Raster, auf dem später mit weiteren Erfahrungen der Empirie aufgebaut werden kann.*[151]

Auf solchem „Raster" im Gehirn baut unsere Anlage zu Glaube und Religion auf. Dieser von der Denkfähigkeit bereitete Raum wird im Zuge der kulturellen Evolution *vom Menschen* mit Glaubens*inhalten* gefüllt, religiöse Systeme werden institutionalisiert, verabsolutiert und säkular ausgebaut.

Die als wissenschaftlich erwiesen einzuschätzende These von einer biologischen Disposition zu „Religion" sagt somit aber nichts aus über die Inhalte, über die dogmatische Fixierung des Glaubens und die rituellen Formen, Zelebrationen, Zeremonien seiner Manifestation. Sie bedeutet auch die totale Ausklammerung aller Fragen um und nach Gott. So

150 Von lat. *imago*, „Bild", „Vorstellung", „Gedanke".

151 Andreas E. Kilian: *Imaginalität statt Spiritualität*, in: Evo-Magazin, 10. Februar 2011. Zitiert nach: http://www.darwin-jahr.de/evo-magazin/imaginalitaet-statt-spiritualitaet.

sagt der Anthropologe Jesse Bering (Queen's University, Belfast): *In der Geschichte unserer Spezies sind wir die erste Generation, die direkt mit dem vollen wissenschaftlichen* Gewicht *eines Arguments konfrontiert ist, das einen personalen Gott sowohl unnötig wie höchst unwahrscheinlich macht.*[152]

Es ist offensichtlich, dass ebenso wie Religion auch *Religiosität*, wie sie hier verstanden wird, im Zusammenhang mit evolutionärer Entstehung zu sehen ist. Beide ruhen auf gleicher biologischer Grundlage, die kulturelle Entwicklung lässt ihre Inhalte aber verschiedene Gestalt annehmen.

Spiritualität

Die erwähnte Erklärungsunsicherheit führt dazu, dass Religiosität oft mit Spiritualität gleichgesetzt wird. Diese Sicht ist einseitig und wird dem Wesen von Religiosität nicht gerecht. Auch manche Psychologen, Psychoanalytiker, Tiefenpsychologen, Humanwissenschaftler, Biologen, Evolutionsbiologen, Bewusstseinsforscher überschätzen aus meiner Sicht das Gewicht ihrer fachmännisch vertretenen jeweiligen Disziplinen innerhalb der Versuche, das Wesen von Spiritualität und Religiosität zu erfassen. Nicht nur in der Wissenschaft zeigen sich erhebliche Unterschiede in der Auslegung des Begriffes „Spiritualität", auch Laien vermögen das Phänomen entweder nicht zu erklären oder versuchen eine Deutung auf individuell äußerst verschiedenartige Weise.

---

152 Jesse Bering: *Die Erfindung Gottes – Wie die Evolution den Glauben schuf*, München 2011. Zitiert nach: http://canities.beepworld.de/wahrheit-ueber-lehraussagen.htm.

Spiritualität, wie ich sie von der Warte des Humanismus sehe, ist *ein Element* in der Weite jenes Fühlens, Denkens, Fragens und Erkennens, das ich als Religiosität empfinde. Ein Anteil, dessen Bedeutung innerhalb dieser Lebensperspektive persönlich verschieden gewichtet wird – ich denke an eine Spiritualität *ohne jede esoterische Einstreuung* als bewusste Auseinandersetzung mit seiner eigenen Innerlichkeit, seinem Sein und Handeln, seinem Erleben der Welt und des Lebens, seinem Denken über sich selbst, seinem Horchen in sein Inneres.

Nach diesem Blick auf einen in nüchternen Worten kaum zu erfassenden inneren Kern, der auch viele Werte der Empfänglichkeit für Kunst und Poesie umschließt, hier nun eine zusammenfassend formulierte Charakterisierung von Religiosität. Dieses Buch dient der Bereitschaft, sich dieser geistigen Orientierung zu nähern und möchte damit den Blick auf eine für sie offene Zukunft weiten.

Religiosität ist im Menschen durch biologische und kulturelle Evolution angelegt. Sie wird durch biografische und/oder kulturelle und/oder soziale Gegebenheiten individuell entwickelt und geformt. Neue Bewusstseinsstrukturen öffnen den Zugang zu einer neuen Religiosität.

Kein „Glaube" an Gott oder an „höhere" Mächte. Kein „Glaube" an die Wissenschaft, aber Orientierung an ihren weitestgehend gesicherten Erkenntnissen. Keine Gebundenheit an auf transzendent-metaphysische Weise offenbarte moralisch-ethische Normen, sondern Orientierung an angeborener sowie anerzogener Sittlichkeit und Achtung irdisch legitim entstandener Gesetze und Verhaltensregeln.

Lebensführung im Sinne des Humanismus[153], geleitet von einem nicht ideologisch instrumentalisierten persönlichen Anstand[154].

Als freie, souveräne und heutige geistige Sicht auf den Menschen und die Welt gibt Religiosität dem Dasein Sinn, Halt und Mut. Sie trachtet nach Ausgewogenheit von Gefühl und Verstand.

Sie ist keine Religion. An Religiosität wird nicht „geglaubt" – ihre geistigen Leitlinien werden als richtig gewertet und ihnen freiwillig zugestimmt. Diese Leitgedanken sind einfach und brauchen nicht wie der katholische Glaube Hunderte von erklärenden Seiten.[155]

Sie ist kein theologisch definierter und zu definierender Begriff, sondern eine Lebenshaltung. Ihr ist das Gefühl für das Heilige nicht fremd. Sie hört auf das uns von der Natur verliehene Gewissen.

Religiosität ist die Bemühung, ein Leben in Toleranz und damit im Sinne der „Goldenen Regel" zu führen. Für sie ist das Wort *Liebe* keine verallgemeinernd-heilige Phrase, sondern ein kostbarer Wert persönlich-zwischenmenschlicher Sittlichkeit.

Für Religiosität sind die Phänomene Transzendenz und Metaphysik ein in der Tiefe des Gemüts gefühltes Staunen vor der Gewalt des Unbegreifbaren.

---

153 Siehe Seite 95.

154 Innere Haltung der grundsätzlichen Achtung menschlicher Gleichheit und Würde.

155 Katechismus der katholischen Kirche: 2865 Nummern, 816 Seiten; Karl Rahner: *Grundkurs des Glaubens*, Freiburg/Breisgau 1984, 448 Seiten.

Eine agnostisch-atheistische Religiosität auf dem Boden des Humanismus

Der Weg von der Religion zur Religiosität ist wie das Lösen von einem gewohnten Haus, dessen Baufälligkeit das Suchen einer neuen Heimat erfordert. Einer neuen Heimat? Das mag melodramatisch klingen, es sagt aber viel über die Ähnlichkeit des wärmenden Gefühls von Geborgenheit in der örtlichen wie in einer geistigen Heimat aus. Wäre der Weg von einer vor langer Zeit entstandenen Religion, die sich auf ein historisches Ereignis gründet, die ein von Menschenhänden geschriebenes Buch zu einem von Gott inspirierten Absolutum erhöht, wäre der Weg von dort hin zu einem Humanismus unseres Jahrtausends in der Tat ungangbar?

Es muss heute doch als völlig absurd angesehen werden, dass auf der ganzen Welt Menschen, kultivierte, gescheite Menschen mit fast gleicher ethisch-moralischer Gesinnung, die alle ihr Leben in Anständigkeit und tätiger Achtung vor dem Nächsten zu führen bestrebt sind, dass diese Menschen voneinander getrennt werden durch einen Riss – geteilt durch eine Scheidelinie, gezogen zwischen verschiedenen Religionen, diesen geistlichen Konstruktionen, die dem Menschen Hilfe zu schenken versprechen, allerdings um den Preis, dass er sich ihrer Ideologie unterwirft. Es wäre an der Zeit, diese Grenzmarkierungen zu löschen oder zunächst durchsichtiger zu machen. Vor allem aber müsste eine *neue Vernunft* die Scheidelinie zwischen den an eine Religion Glaubenden und jenen anderen schleunigst entfernen, die das nicht tun. Aber wir sehen immer noch zu, wie dieser Riss imstande ist, nicht nur Menschen dazu zu bringen, ihre Mitmenschen wegen anderer religiöser Ansicht zu ermorden, sondern, blicken wir um uns, Freunde und Ehepartner einander zu entfremden. Der heldenhafte Feuerwehrmann, der am 11. September 2001 in die brennenden Stockwerke des Twin Tower hinauflief, fragte den hinter ihm laufenden Kollegen nicht, ob er das tue, um von Gott mit dem ewigen Leben belohnt zu werden oder um einfach zu helfen.

Man sollte sich vergegenwärtigen: Die Bemühung des *christlichen* Menschen um ein rechtes Leben ist doch wahrlich gar nicht so weit entfernt von den ethischen Zielsetzungen eines *anderen* Menschen, der zu Überzeugungen fand, die den Gegebenheiten, Notwendigkeiten, Forderungen und Möglichkeiten *unserer Zeit* entsprechen, Überzeugungen, in denen „Glaube" überzugehen begann in Erkenntnis, in reales Erkennen unserer selbst und der uns umgebenden Welt. Geistig dynamischen Menschen könnte die Bereitschaft nicht fremd sein, zum ahnenden Wissen um eine umfassende humane Religiosität zu finden, die auf ethischen Ordnungsregeln aus Vergangenheit und Gegenwart ruht – auf jenen großen Geboten, welche eine Sicherung von Menschenrechten und Menschenwürde zum Ziel hatten und haben.

Friedrich Schiller scheint solchen Gedanken zu Religion und Religiosität nicht ferne gestanden zu haben, als er schrieb:

Mein Glaube
Welche Religion ich bekenne? Keine von allen,
die du mir nennst! – Und warum keine? – Aus Religion.[156]

156 Friedrich Schiller: *Gedichte III*, Erster Teil, Drittes Buch, *Votivtafeln* Nr. 33, S. 148.

Das elementare Gebot der *Nächstenliebe* stellt im Christentum das ethische Zentrum dar. Was zum Jesus-Gebot, „seinen Feind zu lieben", hier gesagt wurde, gilt schon für das Moses-Gebot, „seinen Nächsten zu lieben wie sich selbst": Es fordert leider psychologisch Unrealistisches und gerät damit in Gefahr, als hehre Phrase die Wirkungskraft seiner moralisch fundamentalen Bedeutung einzubüßen. In jedem Menschen „seinen Nächsten" zu sehen ist eine wunderschöne Perspektive, doch ihn im tiefsten Sinn des Wortes zu *lieben*, noch dazu wie sich selbst, überfordert selbst die Frömmsten. Als Leitmaxime in der Praxis des Lebens enthält der uralte chinesische Satz, dem Kreis um Konfuzius zugeschrieben und als „Goldene Regel" über die ganze Welt verbreitet, die Essenz von Ethik und Moral: „*Behandle andere so, wie du von ihnen behandelt werden willst.*" Auch andere Worte ostasiatischer Weisen enthalten höchst Bedenkenswertes: „*Zu deinem Freund sei gütig, zu deinem Feind sei gerecht.*" Um diese Worte philosophisch herumzubeckmessern ist sinnlos. Diese unmissverständlichen Gebote wären fähig, Spannungen im sozialen Umfeld, oft so zermürbend wegen ihrer sachlichen Unnötigkeit, zu entschärfen und Bereitschaft zum Verstehen des oder der anderen zu finden – wenn diese Leitgedanken den Menschen stets und überall, vor allem in schwierigen Situationen des Lebens, gegenwärtig wären.

Unser Zusammenleben ist von alters her nicht nur durch religiöse Gebote geregelt, sondern durch von einer „Obrigkeit" in historisch und kulturell gewachsenen Formen erlassene Gesetze. Da die Geschichte eine blutige Reihe von „Obrigkeiten" mit abscheulichen „ethischen" Gesinnungen hervorbrachte, muss die Autorität solcher Gesetze sehr differenziert gewertet werden. Als Beispiel für eine politisch vorbildliche Initiative ist die „Allgemeine Erklärung der Menschenrechte" zu nennen, die von der Generalversammlung der Vereinten Nationen 1948 als „Resolution" erlassen wurde. Artikel 1 drückt aus, was bei allen weltlichen und geistlichen Autoritäten und bei allen als Mensch sich fühlenden Wesen volle Zustimmung finden sollte:

> *Alle Menschen sind frei und gleich an Würde und Rechten geboren. Sie sind mit Vernunft und Gewissen begabt und sollen einander im Geiste der Brüderlichkeit begegnen.*

Eine Erklärung, kein Gesetz. Ich bin nicht so naiv, zu erwarten, diese Resolution würde wie als erhobener Zeigefinger eines Friedensengels Diktatoren oder auch demokratische Regierungen zum Verkleinern des Militärbudgets veranlassen. Dem stehen leider politische und persönliche Machtinteressen und – es muss immer wieder darauf hingewiesen werden – ideologische Verhärtungen im Wege. Eine Überwindung dieser Gegebenheiten muss darin bestehen, den Inhalt des genannten Artikels 1 Jahr für Jahr, Tag für Tag in der politischen und persönlichen Praxis mehr und mehr zur Grundlage allen gesellschaftlichen und privaten Tuns werden zu lassen. Auch diese Arbeit ist im Bestreben verfasst, zu diesem brennenden Thema nicht zu schweigen. (Ich schreibe dies am *11. September* 2011.) Und ich bin wahrlich nicht so naiv, die unendlichen Schwierigkeiten bei der Umsetzung großartiger Forderungen in die Wirklichkeit des Lebens und der politisch-ethnisch-geografischen Realitäten zu unterschätzen.

> Feuerbach: *Wir brauchen kein* ***christliches*** *Staatsrecht; wir brauchen nur ein vernünftiges, rechtliches, ein mensch-*

liches Staatsrecht. Das Richtige, Wahre, Gute hat überall seinen ***Heiligungsgrund in sich selbst, in seiner Qualität.***[157]

Es ist faszinierend, gewahr zu werden, wie es fast all diesen religiösen, philosophischen, ja auch politischen Ideen, Geboten und Gesetzen, ob uralt, alt oder gegenwärtig, im Grunde darum geht, in dem turbulenten, zu mancher Zeit und manchenorts auch chaotischen Durcheinander bei den Menschlein auf diesem blauen Planeten so etwas wie *Ordnung* zu schaffen. Dies ist allzu oft in entsetzlicher Weise missglückt. Und doch: Diese moralisch-ethischen An-Ordnungsversuche haben letztlich das *Richtige, Wahre, Gute* im Sinn, etwas, das man nicht definieren kann, das heutzutage von manchen als pathetische Phrase von gestern belächelt wird, das zu fühlen und danach zu handeln der Homo sapiens aber fähig sein könnte und sollte, weil die Evolution dieses Etwas in ihm entstehen ließ. Die „Goldene Regel" meint doch im Grunde genau das Gleiche wie das christliche „Liebe deinen Nächsten" von Moses/Jesus und Artikel 1 der Menschenrechtsdeklarationen der UNO – ja, bis hin zu einem agnostischen Humanismus und einer atheistischen Religiosität! Die Erkenntnis, dass hier kein *prinzipieller Unterschied* herrscht, sollte in der zukünftigen Entwicklung von religiösem und auch politischem Denken stets präsent sein. Es wäre nicht konstruktiv, den Gedanken an diese fundamentale Analogie durch theologisches oder philosophisches Mikroskopieren zu zerschreiben oder zu zerreden.

157 Feuerbach: *Christentum*, 28. Kapitel, S. 406, Hervorhebungen im Original.

Das Wissen um solche anthropologische Gemeinsamkeiten in Bereichen religiöser Glaubenssysteme öffnet den Blick in geistige Weiten, die zu erschließen heute möglich und geboten ist. Wäre es eine manchen vielleicht naiv erscheinende Vision, angesichts solcher essenziellen Gemeinsamkeiten in den Geboten für das menschliche *Tun-Sollen* an ein *Zusammenwachsen* religiöser und nicht religiöser „Weltanschauungen" zu denken? Der gemeinsame Grundgedanke der Weltreligionen, so verschieden sie kulturell und ethnisch auch geprägt sind, ist doch, des Menschen Glaubenwollen mit real lebbaren Inhalten zu füllen und damit sein Dasein zu erleichtern. Die Verabsolutierung von religiösen Gesetzlichkeiten, welche die Botschaft verdecken, stellt jedoch einen gewaltigen ideellen Ballast dar, dessen Gewicht Religionen ihre Durchschlagskraft raubt.

Dies gilt offensichtlich in besonderem Maß für das Christentum. Die hier anvisierte Idee eines Zusammenwachsens von religiösen Weltsichten legt die Frage nahe: Wäre das Christentum überhaupt dazu imstande, den obsoleten Ballast abzuwerfen? Als Künstler gestehe ich mir das Recht zu, ein Fantast zu sein. So entwerfe ich hier ein wahrlich absurd-utopisches Szenarium, zur (fiktiven?) Wirklichkeit geworden in zukünftigen Jahrzehnten, Jahrhunderten (Jahrtausenden?):

Im Christentum hat sich die theologische Lehrmeinung endgültig durchgesetzt, das Neue Testament nicht als Wort Gottes, sondern als wunderbare Legendenliteratur zu lesen, die Gestalt und Lehre Jesu zu „transformieren", Jesus von seiner Gottessohnschaft, wie in der von Menschen verfassten und zusammengestellten „Heiligen Schrift" behauptet, zu befreien, ihn „nur mehr" als einen der großen Ethiker im Gedächtnis der Geschichte zu belassen … Die christliche Lehre trennt sich von einer Dogmatisierung der Muttergottes, der Auferstehung, der Himmelfahrt, der Erbsünde, der Dreifaltigkeit und anderen Stolperfelsen, und sie ersetzt den Begriff „Gott" durch den Begriff „Natur" – unfassbar!

Absurde Utopie beiseite: Bliebe ohne Jesus = Gottessohn nur der hohe ethische Wert „Nächstenliebe" übrig? Auch dieses Gebot wurde, wie erwähnt, nicht von Jesus erfunden, sondern stellt eine griffig-überspitzte Zusammenfassung aller schon lange vorher erschaffenen Gebote dar. Das Christentum bewirkte historisch sein Hineinwachsen in die Gesinnung eines großen Teiles der Menschheit – eine geschichtlich hochbedeutsame ethische Leistung –, allerdings wenig in die Gesittung. Und: Bliebe vom Christentum *und von den anderen Religionen* nur das Gebot der *Achtung des Mitmenschen* übrig, diese ewige Forderung des menschlichen Geistes, enthalten in Abertausenden von alten und neuen Gesetzen, Deklarationen oder Resolutionen, bliebe nur dieser Ruf nach Gesittung, nach Ethik, nach Moral übrig – wozu wären Religionen noch notwendig?

Die Frage, wie die Möglichkeit einer Verwirklichung dieses utopisch-absurden Gedankens eingeschätzt werden könnte, hängt mit der Frage zusammen, welche Kraft zu einer radikalen Erneuerung, ja Infragestellung ihrer Glaubensfundamente Religionen aufzubringen imstande wären. Zweifellos bestünde die Gefahr eines Zusammenbrechens des ganzen Gebäudes, wenn an die Fundamente auch nur gerührt würde. Und das wäre Häresie, Ketzerei. Es ist schon heute zu erkennen, wie sehr christliche Theologen, hoch achtbare, gescheite und fleißige Frauen und Männer, sich in einer nahezu ausweglosen Situation befinden – befinden müssen. Ihr Forschen besteht darin, mit wissenschaftlicher Redlichkeit biblische Überlieferung gnadenlos auf Faktizitäten hin zu zerfragen, dann jedoch den Sprung von der Wissenschaft hinüber zum Glauben zu machen, den sie nicht aufgeben wollen oder können – aber das Ufer der Wissenschaft ist zu weit entfernt vom Ufer der Religion, sie erreichen dieses nicht, fallen ins Leere, meist aber erreichen sie es, doch nur mit rabulistischen oder vernebelnden Wortklaubereien, und werden damit intellektuell unredlich. Das geistige Potenzial, das dabei in diese metaphysischen Rückzugsgefechte fließt, wäre, so meine ich, besser in die Lösung anderer Menschheitsprobleme investiert.

Es ist nicht nur zu fürchten, sondern anzunehmen, dass nicht nur Katholizismus und Protestantismus unfähig sind, ihre Welt an die Welt unserer Zeit mehr als nur in Details anzupassen. Welche Traditionsstarrheit und ideologische Verbohrtheit jeder Erneuerung des religiösen Weltbildes entgegenstehen, mag ein kennzeichnendes Beispiel illustrieren. In einem die christliche Religion verteidigenden Buch eines Dr. h. c., Dr. theol., Prof. em. an einer namhaften deutschen Universität, Mitglied des deutschen Nationalen Ethikrats, sind folgende Schlusssätze zu lesen: *Ich sehe das so: warum es das Böse gibt – du, Gott*[,] *weißt es, ich nicht. Ich weiß nur, dass es nach deinem Willen nicht sein und mich nicht beherrschen soll. Gib mir bitte so viel Verstand, dass ich erkenne, was ich meiden sollte.*[158] – Welche Theo-Logik: Ich bitte dich, Gott, mich erkennen zu lassen, etwas zu meiden, von dessen Warum nur du

158 Richard Schröder: *Abschaffung der Religion*, Freiburg/Breisgau 2011, S. 224.

weißt, das du aber nicht willst. – Diesen Gott soll ich anbeten? Der Autor dieser Sätze ist ein in der Öffentlichkeit verdienstvoll wirkender integrer Mann. Aber natürlich wird sich sein durch das Ansehen mit der christlichen Brille beeinträchtigtes Weltbild bei allen öffentlichen Tätigkeiten bewusst und unbewusst auswirken. Und diese religiös schiefgezogene Haltung hemmt, wie aus der Geschichte abzulesen, den Weg in eine Welt, in der mehr gewusst als geglaubt wird. Eine freie und unabhängige Religiosität könnte Probleme aus der Welt schaffen, die entstehen, wenn das Gefühl von der tiefen Wahrheit eines Glaubens so übermächtig geworden ist, dass auch die stärksten kritischen Vernunftargumente daran abprallen.

Die Art, wie die Kirchen hierzulande Reformwillen zu demonstrieren bemüht sind, halte ich für geradezu albern. Alle diese Anbiederungen an die Jugend, die afrikanischen Trommeln, die mit rhythmischen Synkopen angejazzten Kirchenlieder, die „Halleluja"-Ringelreihen, diese von „christlicher Lebenslust sprühenden" Versuche, aus dem Gottesdienst ein „Event" zu fabrizieren, ändern nichts am Grundproblem, und dies besteht nun einmal im Verblassen und Unglaubwürdigwerden der religiösen Substanz. Ob der sympathische junge Mann, der mit seinem Jazzschlagzeug die gläubige Gemeinde soeben fast zum Tanzen gebracht hat, sich eigentlich darüber im Klaren ist, dass er gleich nachher bei der Kommunion den Leib des Herrn langsam im Mund zergehen lässt?

Ich trenne mich nicht von der Vision, ich hole sie zurück auf irdischen Boden. Im Zeitalter eines gelebten Humanismus wird das Christentum *eine* Religion, aber nicht *die* Religion sein. Sie wird an Sympathie und Achtung in der Gesellschaft in dem Maß gewinnen, in dem sie sich von ihrem Machtanspruch und von heute nicht mehr Glaubbarem entfernt. Der Weg in ein solch visionär gesehenes Zeitalter könnte führen über:

- eine allmähliche Eingliederung des kirchlich-karitativen und seelsorgerischen Wirkens – ersteres ohnehin schon überwiegend vom Steuerzahler finanziert – in staatliche und/oder private Einrichtungen. Nicht nur der Pfarrer, auch der Arzt, der Pädagoge, der Therapeut, der Philosoph, die Krankenschwester und viele andere sorgen für die Seele des Menschen – und meist nicht nur von *einer* Richtung her;
- eine Einbeziehung jener Bevölkerungsteile, die nicht an eine institutionalisierte Religion gebunden sind, in demokratisch legitimierte Gremien des öffentlichen Lebens, ohne dabei den Begriff „Glaubensgemeinschaft" zu verwenden. In Deutschland ist ein Drittel der Bevölkerung konfessionslos;
- ein Vermeiden jeglicher Anflüge von missionarischem Eifer, fundamentalistisch-ideologischen Verabsolutierungen, Diffamierungen und pauschalen Verdammungen;
- das Bestreben aller Seiten nach Sachlichkeit und psychischer Gelöstheit im Umgang mit heiklen Themen. Es geht um Menschen, die von ihrer Religion entscheidende Lebenshilfe erhoffen – zu erhoffen glauben –, und um Menschen, die Lebenshilfe in dieser Form nicht brauchen – zu brauchen glauben. Es geht um ein friedliches Nebeneinander von Religiosität und dem, was von Religionen bliebe.

Wie könnte es weitergehen im Suchen nach einem *Mehr,* dieser geheimnisvollen Dimension zwischen dem *Wo?* und dem *Dort*? Diesem Etwas, von dem die Religionen überzeugt sind, es gefunden zu haben. Wer wüsste es – wer wüsste, wo das *Wo?* und wo das *Dort!* liegen?

Oder gibt es kein *Mehr* und kein *Dort,* sondern nur ein *Hier*?

Es gibt ein *Hier* – und es gibt ein *Mehr* in diesem *Hier.*

Ich schließe mit den Worten zweier großer Wissenschaftler und Philosophen.

> Albert Einstein: *Das Wissen um die Existenz des für uns Undurchdringlichen, der Manifestationen tiefster Vernunft und leuchtendster Schönheit, die unserer Vernunft nur in ihren primitivsten Formen zugänglich sind, dies Wissen und Fühlen macht wahre Religiosität aus; in diesem Sinn und nur in diesem gehöre ich zu den tief religiösen Menschen. Einen Gott, der die Objekte seines Schaffens belohnt und bestraft, der überhaupt einen Willen hat nach Art desjenigen, den wir an uns selbst erleben, kann ich mir nicht einbilden.*[159]

> Bertrand Russell: *Das gute Leben ist von Liebe beseelt und von Wissen geleitet.*[160]

---

159 Albert Einstein: *Mein Weltbild,* Frankfurt/Main, Berlin 1991, S. 14.

160 Im Original: "The good life is one inspired by love and guided by knowledge." Russell: *Warum ich kein Christ bin,* S. 64.

Literaturverzeichnis

D. APPLETON et al.: *Life and Letters of Charles Darwin*, New York 1911. Zitiert nach: John M. Brentnall/Russell M. Grigg: *Darwins langsames Abgleiten in den Unglauben* (*Darwin's slippery slide into unbelief)*, CREATION 18 (1) Dezember 1995, S. 34–37. Auch zu finden unter: https://creation.com/darwins-slippery-slide-into-unbelief-german.

Thomas von AQUIN: *Quaestiones quodlibetales*, 3,31, Frankfurt/Main, Hamburg 1956.

Roland BAADER: *totgedacht,* Gräfelfing 2002.

Pierre BAYLE: *Œuvres completes*, Rotterdam 1702.

Ulrich BECK: *Die ganz normale »Unreinheit«,* Interview in: *NEUES DEUTSCHLAND*, 12. März 2009. Auch zu finden unter: http://www.neues-deutschland.de/artikel/145392.die-ganz-normale-unreinheit.html.

Papst BENEDIKT XVI.: *Enzyklika DEUS CARITAS EST*, Rom 2005. Zitiert nach: http://www.vatican.va/holy_father/benedict_xvi/encyclicals/documents/hf_ben-xvi_enc_20051225_deus-caritas-est_ge.html.

Papst BENEDIKT XVI: *Regensburger Rede*, 12. September 2006. Zitiert nach: http://www.vatican.va/holy_father/benedict_xvi/speeches/2006/september/documents/hf_ben-xvi_spe_20060912_university-regensburg_ge.html.

Papst BENEDIKT XVI.: *Enzyklika SPE SALVI*, Rom 2007. Zitiert nach: http://www.vatican.va/holy_father/benedict_xvi/encyclicals/documents/hf_ben-xvi_enc_20071130_spe-salvi_ge.html.

Papst BENEDIKT XVI.: *Licht der Welt*, Freiburg/Breisgau 2010.

Papst BENEDIKT XVI.: *Rede anlässlich der Verleihung des „Ratzinger-Preises"*, 30. Juni 2011. Zitiert nach: http://www.vatican.va/holy_father/benedict_xvi/speeches/2011/june/documents/hf_ben-xvi_spe_20110630_premio-ratzinger_ge.html.

Jesse BERING: *Die Erfindung Gottes – Wie die Evolution den Glauben schuf*, München 2011. Auch zu finden unter: http:/canities.beepworld.de/wahrheit-ueber-lehraussagen.htm.

James Henry BREASTED: *Die Geburt des Gewissens*, Zürich 1950. Auch zu finden unter: http://www.muellerscience.com/WIRTSCHAFT/Philosophie/Ethische_Gebote.htm.

Franz BUGGLE: *Denn sie wissen nicht, was sie glauben*, Hamburg/Reinbek 1992.

Jacob BURCKHARDT: *Weltgeschichtliche Betrachtungen,* Paderborn 2011, Reproduktion des Originals.

Elias CANETTI: *Die Provinz des Menschen*, München 1973.

Paul-Henri Thiry D'HOLBACH: *System der Natur*, übersetzt von Fritz Georg Voigt, Berlin 1960.

Edgar DAHL (Hg.): *Die Lehre des Unheils*, Hamburg 1993.

Friedrich DÜRRENMATT in *FREIDENKER* 1/1991. Auch zu finden unter: http://www.humanistische-aktion.de/gott.htm.

Gerhard EBELING: *Dogmatik des christlichen Glaubens*, Bd. I, Tübingen 1982.

Albert EINSTEIN: *Brief an den jüdischen Religionsphilosophen Eric Gutkind*, 3. Januar 1954: Zitiert nach: http://www.tagesspiegel.de/politik/geschichte/albert-einstein-relativ-unglaeubig/1233610.html.

Albert EINSTEIN: *Mein Weltbild*, Frankfurt/Main, Berlin 1991.

Ludwig FEUERBACH: *Das Wesen der Religion*, Stuttgart 1938.

Ludwig FEUERBACH: *Das Wesen des Christentums*, Stuttgart 1969.

Thorsten FÖGE (Hg.): *Antike Fachtexte*, Berlin 2005.

Sigmund FREUD: *Die Zukunft einer Illusion,* Leipzig, Wien, Zürich 1927. Auch zu finden unter: http://gutenberg.spiegel.de/buch/929/7.

Henry GELHAUSEN: *Atheismus – ein Stadium der Reife*, in: Edgar Dahl (Hg.): *DIE LEHRE DES UNHEILS*, Hamburg 1993.

Volker GERHARDT: *Die Vernunft des Glaubens*, in: *CHRIST IN DER GEGENWART*, Freiburg 50/2007.

Johann Wolfgang von GOETHE: *Faust I*, Stuttgart 1885.

Lavanam GORA: *Rede gehalten auf der III. Atheistischen Weltkonferenz in Helsinki*, Juni 1983. Zitiert nach: http://www.ibka.org/artikel/miz83/lavanam.html.

Dean HAMER: *Das Gottes-Gen. Warum uns der Glaube im Blut liegt*, München 2006.

Norbert HOERSTER: *Glaube und Vernunft*, München 1979.

Papst JOHANNES PAUL II.: *Enzyklika FIDES ET RATIO*, 14. September 1998. Zitiert nach: http://www.vatican.va/holy_father/john_paul_ii/encyclicals/documents/hf_jp-ii_enc_15101998_fides-et-ratio_ge.html.

Joachim KAHL: *Die Antwort des Atheismus*. in: INTERNATIONALER BUND DER KONFESSIONSLOSEN UND ATHEISTEN (IBKA) E. V., o.J. Zititert nach: http://www.ibka.org/artikel/ag98/atheismus.html.

Immanuel KANT: *Beantwortung der Frage: Was ist Aufklärung?*, in: *BERLINISCHE MONATSSCHRIFT*, 12/1784.

Immanuel KANT: *Kritik der reinen Vernunft*, Originalausgabe B, Hamburg 1993.

Andreas E. KILIAN: *Imaginalität statt Spiritualität*, in: *EVO-MAGAZIN*, 10. Februar 2011. Auch zu finden unter: http://www.darwin-jahr.de/evo-magazin/imaginalitaet-statt-spiritualitaet.

KONGREGATION FÜR DIE GLAUBENSLEHRE: *Instruktion über die kirchliche Berufung des Theologen*, Rom 24. Mai 1990. Zitiert nach: http://www.vatican.va/roman_curia/congregations/cfaith/documents/rc_con_cfaith_doc_19900524_theologian-vocation_ge.html.

Samuel Noah KRAMER: *Geschichte beginnt mit Sumer*, München 1959.

Hans KÜNG: *Christ sein*, München 1974.

Hans KÜNG: *Credo*, München 1995.

Georg Christoph LICHTENBERG: *Aphorismen – Über die Religion*, Hamburg 1967.

John LOCKE: *Versuch über den menschlichen Verstand.* In vier Büchern, Berlin 1872.

Gerd LÜDEMANN: *Das Unheilige in der Heiligen Schrift. Die andere Seite der Bibel*, Stuttgart 1996.

Gerd LÜDEMANN: *Der große Betrug. Und was Jesus wirklich sagte und tat*, Lüneburg 1998.

Martin LUTHER: *Assertio* („Freiheitserklärung") 1520. Zitiert nach: *http://de.wikipedia.org/wiki/Sola_scriptura.*

Martin LUTHER: *Das schöne Confitemini an der Zahl der 118. Psalm* (1530), in: Kurt Aland (Hg.): *LUTHER DEUTSCH – DIE WERKE MARTIN LUTHERS IN NEUER AUSWAHL FÜR DIE GEGENWART, IN 10 BÄNDEN UND EINEM REGISTERBAND*, Bd. 7, Berlin 1954.

Fritz MAUTHNER: *Der Atheismus und seine Geschichte im Abendlande*, 4 Bände, Frankfurt 1989.

Gustav MENSCHING (Hg.): *Das lebendige Wort – Texte aus den Religionen der Welt*, Wiesbaden 1985.

Michael MEYER-BLANCK: *Die Vernunft des Glaubens und der Glaube der Vernunft bei Joseph Ratzinger. Einsprüche aus evangelischer Sicht*, Vortrag gehalten auf der Generalversammlung des Centro Melantone, Rom 12. Mai 2008. Herunterladbar von http://www.uni-bonn.de/~ute40c/vortraege.htm, Vortrag 6.

Georges MINOIS: *Geschichte des Atheismus – von den Anfängen bis zur Gegenwart*, übersetzt aus dem Französischen von Eva Moldenhauer, Weimar 2000.

Jacques MONOD: *Zufall und Notwendigkeit*, München 1972.

Josef NEUNER/Heinrich ROOS S.J.: *Der Glaube der Kirche in den Urkunden der Lehrverkündigung*, neu bearbeitet von Karl Rahner und Karl-Heinz Weger, Regensburg 1971.

Friedrich NIETZSCHE: *Die fröhliche Wissenschaft*, München 1954.

Friedrich NIETZSCHE: *Ecce homo*, München 1967.

Friedrich NIETZSCHE: *Menschliches, Allzumenschliches*, Middlesex, 2006.

Willy OBRIST: *Religiosität ohne Religion*, Stuttgart 2009.

Jean PAUL: *Siebenkäs*, Werke in zwölf Bänden, München 1975.

Regina POLAK (Hg.): *Megatrend Religion? Neue Religiositäten in Europa*, Ostfildern 2002.

Karl POPPER: *Interview mit der französischen Wochenzeitung „L'Express"* vom Februar 1982, in: *AUFKLÄRUNG UND KRITIK* 2/1994.

Karl RAHNER: *Grundkurs des Glaubens*, in: *KATECHISMUS DER KATHOLISCHEN KIRCHE*, Freiburg/Breisgau 1984.

Joseph RATZINGER: *Einführung in das Christentum*, München 1977.

Joseph RATZINGER: *Rede bei der Vorstellung der Enzyklika FIDES ET RATIO* am 15. Oktober 1998. Zitiert nach: http://www.mscperu.org/deutsch/vernunft_glauben/fides_ratio_kommentar.htm.

Joseph RATZINGER: *Jesus von Nazareth*, Freiburg/Breisgau 2007.

Bertrand RUSSELL: *Warum ich kein Christ bin*, München 1963.

Bertrand RUSSELL: *Autobiographie*, Frankfurt/M 1972-1974.

Friedrich SCHILLER: *Gedichte III*, Stuttgart, Berlin 1904.

Herbert SCHNÄDELBACH: *Der Fluch des Christentums* in: *DIE ZEIT*, Nr. 20, 11. Mai 2000.

Arthur SCHOPENHAUER: *Die Welt als Wille und Vorstellung II*, Zürich 1988 (1991).

Richard SCHRÖDER: *Abschaffung der Religion*, Freiburg/Breisgau 2011.

Albert SCHWEITZER: *Von Reimarus zu Wrede. Eine Geschichte der Leben-Jesu-Forschung*, Tübingen 1906.

Tertullian Quintus SEPTIMIUS: *Apologeticum*. Zitiert nach: Thorsten Föge (Hg.): *ANTIKE FACHTEXTE*, Berlin 2005.

Tertullian Quintus SEPTIMIUS: *Ad Nationes*. Zitiert nach: Thorsten Föge (Hg.): *ANTIKE FACHTEXTE*, Berlin 2005.

Wolf SINGER: *Ein neues Menschenbild?*, Frankfurt/Main 2003.

Oswalt SPENGLER: *Gedanken*, München 1974.

Baruch de SPINOZA: *Theologisch-politischer Traktat*, Hamburg 1984.

Gerhard STREMINGER: *Die Jesuanische Ethik*, in: Edgar Dahl (Hg.): DIE LEHRE DES UNHEILS, Hamburg 1993.

Gerhard STREMINGER: *Christlicher Glaube und kritische Vernunft*, in: *AUFKLÄRUNG UND KRITIK* 1995, Sonderheft 1.

Franz STRUNZ: *Voltaires Tod*, in: *AUFKLÄRUNG UND KRITIK* 1/2000.

Gerhard SZCZESNY: *Die Zukunft des Unglaubens. Zeitgemäße Betrachtungen eines Nichtchristen*, München 1958.

Ernst TOPITSCH: *Mythos Philosophie Politik – Zur Naturgeschichte der Illusion*, Freiburg/Breisgau 1969.

VOLTAIRE: *Philosophisches Wörterbuch* (Dictionnaire philosophique), Paris 1764.

Gerhard WIMBERGER: *Kreuz-Weg – Quellen des Christentums*, Wien-Klosterneuburg 1999.

Konzile

IV. LATERANKONZIL, Rom 1215.

I. VATIKANISCHES KONZIL, *Lehrentscheid über den katholischen Glauben*, Rom 1870.

II. VATIKANISCHES KONZIL: *Konstitution über die heilige Liturgie SACROSANCTUM CONCILIUM*, Rom 1963. Zitiert nach: http://www.vatican.va/archive/hist_councils/ii_vatican_council/documents/vat-ii_const_19631204_sacrosanctum-concilium_ge.html.

II. VATIKANISCHES KONZIL: *Dogmatische Konstitution über die Kirche LUMEN GENTIUM*, Rom 1964. Zitiert nach: http://www.vatican.va/archive/hist_councils/ii_vatican_council/documents/vat-ii_const_19641121_lumen-gentium_ge.html.

II. VATIKANISCHES KONZIL: *Erklärung über die Religionsfreiheit DIGNITATIS HUMANAE*, Rom 1965. Zitiert nach: http://www.vatican.va/archive/hist_councils/ii_vatican_council/documents/vat-ii_decl_19651207_dignitatis-humanae_ge.html.

II. VATIKANISCHES KONZIL: *Dogmatische Konstitution über die göttliche Offenbarung DEI VERBUM*, Rom 1965. Zitiert nach: http://www.vatican.va/archive/hist_councils/ii_vatican_council/documents/vat-ii_const_19651118_dei-verbum_ge.html.

II. VATIKANISCHES KONZIL: *Pastorale Konstitution GAUDIUM ET SPES*, Rom 1965. Zitiert nach: http://www.vatican.va/archive/hist_councils/ii_vatican_council/documents/vat-ii_const_19651207_gaudium-et-spes_ge.html.

Lexika

Brockhaus' Konversations-Lexikon, Leipzig 1895.

Der Neue Brockhaus, Wiesbaden 1968.

Lexikon der Theologie und Kirche, Freiburg/Breisgau 1957-1967.

Weitere Internetquellen

home.datacomm.ch/ahmet.sabanci/infopedia/3_babyl.htm.

teachers.brg-schoren.ac.at/her/pup/voltaire.html

www.geistigenahrung.org/ftopic23626.html

www.glaubenssache.net/taufe.

www.kathpedia.com.

www.religiosophie.de/?page_id=65.

www.unmoralische.de/zitate2/Russell.htm.

de.wikipedia.org/wiki/Humanismus.

Zeitfracht Medien GmbH
Ferdinand-Jühlke-Straße 7
99095 Erfurt, Deutschland
produktsicherheit@kolibri360.de